Dans la même collection :

Merveilleuse France
Merveilleux Paris
Merveilleux Châteaux
Merveilleuses Cathédrales
Merveilleux Villages
Merveilleuse Grèce
Merveilleuse Egypte
Merveilleuse Italie
Merveilles du Monde

A paraître :

Merveilleuse Chine
Merveilleux Châteaux de la Loire
Merveilleuse Bretagne
Merveilleuses Mythologies

Crédit photographique :

Ce livre a été réalisé avec le concours exclusif de l'Agence Gamma, hormis la couverture : agence Pix, Riby, et les pages 14/15, 16, 19, 20/21 : M.-J. de Bergevin.

Pages de garde : J.-P. Paireault.

Pages 6-7 : L. Sola

Dos de couverture : J.-M. Adamini.

J.-M. Adamini : p. 71, 134, 151, 154/155, 156 (b).

J.-J. Bernier : p. 42.

François Guénet : p. 25.

Bruno de Hogues : p. 26/27, 31, 33, 37, 38/39, 52/53, 54/55, 59, 69, 83, 84, 85, 86/87, 92, 93, 94/95, 100/101, 103, 112, 118/119, 122/123, 124, 125, 126/127, 128 (a), 129, 136/137, 144, 145.

J.-M. Loubat : p. 112, 113.

Michel Maïofiss : p. 17, 18, 58, 102.

Manaud-Figaro : p. 36.

Yves Nanciet : p. 43, 45.

Olivier Martel : p. 66/67.

Laurent Maous : p. 77.

J.P. Paireault : p. 70.

L. Sola : p. 135.

J.-L. Urli : p. 117.

Van der Hilst : p. 110/111, 128, 130/131, 156 (a), 157.

Christian Vioujard : p. 9, 30, 32, 44, 48/49, 60, 61, 68. 74/75, 76, 77 (a), 78/79, 106/107, 140, 141, 148/149, 150.

Maquette : Sylvie Merelli.

Production Judocus.

Printer Industria Gráfica sa
08620 Sant Vicenç dels Horts   1987
D.L.B.: 4436-1987
Imprimé en Espagne

Merveilleuses Provence Côte d'Azur

Editions Princesse

Merveilleuses
Provence
Côte d'Azur

Table des matières

Avant-propos 10

La route des princes d'Orange 12

Mont Ventoux 22

Le Plateau du Vaucluse 28

Le Lubéron 34

Avignon 40

Les garrigues et le pont du Gard 46

Nîmes 50

D'Avignon à Arles 56

La Camargue 62

Les Alpilles 72

Aix-en-Provence 80

Marseille 88

Les Calanques 98

Toulon 104

Les Maures 108

De l'Esterel au Var 114

Nice et arrière-pays 120

La Riviera 132

Grasse 138

La route Napoléon 142

Les Gorges du Verdon 146

Les Alpes de Haute-Provence 152

Avant-propos

Il est certes des termes plus évocateurs que d'autres. Les terres de la Provence et de la Côte d'Azur sont de ceux-là. Instinctivement, indissociablement, des tableaux de ciel bleu, de cyprès, de toits plats, de flots calmes superbement encastrés tant dans des baies luxuriantes que dans des reliefs déchiquetés, surgissent à l'esprit. Le chant des criquets et les senteurs de lavande, de mimosas, d'oliviers, parachèvent le cliché séduisant.

Et l'on en viendrait presque à oublier que ces régions ont une vie propre et que leurs habitants, citadins ou villageois d'un bourg perché et rocailleux ou d'une vallée fertile, pêcheurs d'un port isolé ou au contraire, connu du monde entier, existent par eux-mêmes, fiers de leurs différences, de leurs particularités et que l'histoire de leurs familles remonte parfois à l'arrivée des Phéniciens ou des Grecs.

Hormis les vestiges préhistoriques, l'histoire du sud-est de la France correspond à l'arrivée, au Vᵉ siècle avant Jésus Christ, de quelques colons qui furent séduits par la richesse du littoral. Ravis de retrouver des terres qui ressemblaient à celles qu'ils avaient dû quitter, ils baptisèrent le petit port « Massilia » ; en phénicien, « Mazzal » signifiait « bonne fortune ». Ainsi, le peuplement de ce littoral commença sous le signe du sourire. Et aujourd'hui encore, Marseille représente l'ouverture sur la Méditerranée et les pays du Levant. De ses quais, chaque jour, des marins en partance pour l'Asie et l'Afrique lèvent l'ancre. Pour les uns, Marseille symbolise le dépaysement, l'exotisme, pour les autres, Marseille est la porte d'accès au pays de Descartes, mais la cité phocéenne ressemble peu au pays dont elle ouvre la porte.

De même pour les cornacs des éléphants d'Hannibal, les Alpes semblèrent aussi septentrionales qu'elles illustraient le sud pour un habitant du nord de la France. Après la tentative malchanceuse des Carthaginois, les Romains s'installèrent dans la région, ce fut la « provincià romana » et lorsque les Barbares les chassèrent, le nom de Provence resta.

Les Romains aimèrent leur nouvelle conquête et Nîmes, Orange, Avignon, Vaison-la-Romaine, le Pont du Gard... témoignent de la qualité de l'occupant.

Puis ce fut le schéma classique des colons qui s'essaiment dans une région à la recherche de tous les sites fertiles, du brassage des peuples. Le départ pour les Croisades accorda une importance nouvelle à cette contrée souvent convoitée par ses voisins des Alpes. Le développement intellectuel de ses universités et des cours des Comtes de Provence justifièrent ce regard d'envie, la retraite des papes à Avignon souligne encore l'importance de la région.

Dans ce volume, nous nous sommes autant attardés à l'histoire de ces cités puissantes et jalousées, fières de leur autonomie, de leur passé mais aussi de leurs richesses et de leur développement actuel qu'aux villages pittoresques farouchement attachés à leurs traditions.

Il y a les palmiers de la Croisette et ceux qu'agitent les santons de Provence. Il y a Grasse qui forme les « nezs » du monde entier et les champs de fleurs dont la cueillette se fait au rythme chantant de la langue provençale. Il y a les admirateurs de la promenade des Anglais et des habitants du Vieux Nice qui coexistent sans beaucoup se rencontrer. A l'aéroport de Nice se côtoient des touristes venus des quatre coins du monde et les chercheurs de la Gaude. L'antique Sofia Antipolis marie les ruines d'une cité gréco-romaine et le plus important centre européen de recherches d'IBM.

Dans cette région riche en contrastes, le très traditionnel château de Vauvenargues est devenu un musée Picasso, la cité des papes abrite désormais le festival le plus moderne de France. A Saint-Tropez, les « gendarmes » continuent de verbaliser les automobilistes malchanceux sous l'œil indifférent des propriétaires des yachts les plus fastueux du monde. Mirabeau a prêté à Aix son étiquette libertine mais les protestants de Nîmes confèrent à la région un visage bien différent.

Et parmi beaucoup d'autres, Daudet, Mistral, Picasso, Pagnol, ont immortalisé dans le cœur de tous, le charme d'une région où le soleil est roi.

Note de l'éditeur

La route des princes d'Orange

Non loin du Ventoux, face aux monts du Diois, le site de Vaison-la-Romaine, avec ses collines verdoyantes, conserve le parfum d'une antique aristocratie. Cette perle romaine enchâssée dans le comtat Venaissin possède un charme extraordinaire. Vaison, relativement isolée dans la Haute-Provence, ne fut pas un lieu de conquête, mais un endroit calme où les fonctionnaires et les patriciens romains venaient se reposer.

De chaque côté de l'Ouvèze, ce sont les vestiges de trois époques différentes qui se côtoient. La ville moderne, sur la rive gauche, est dominée par les restes de la cité médiévale, eux-mêmes dominés par l'imposant château des comtes de Toulouse. La cité antique, elle, s'est développée sur la rive droite au pied de la colline. Mais il faut tenir compte des pillages systématiques de Vaison qui fut fouillée dès le Moyen Age : le remploi fait que des éléments antiques ont servi à l'édification de murailles médiévales.

De toutes les époques, c'est bien celle qui donna son nom à la ville qui est représentée de manière la plus impressionnante. Ainsi Camille Jullian n'hésitait pas à affirmer que Vaison était « la ville la plus agréable à voir, la plus élégante, la plus opulente, celle qui sut le mieux jouir des fastueuses douceurs de la paix romaine ».

Pour s'en convaincre, il suffit, par exemple, de s'arrêter devant la maison des Messii. Cette riche demeure aristocratique peut rivaliser avec les plus beaux édifices pompéiens. L'atrium est entouré de grandes salles de réception pavées de mosaïques. La salle à manger, elle, est entourée d'un péristyle avec pièces d'eau. Faisant suite, le Portique-de-Pompée est l'un des ensembles les plus harmonieux de la ville romaine. D'une beauté des plus classiques, il comporte une enceinte, une esplanade et un large bassin.

Le théâtre est établi sur les pentes septentrionales de la colline de Puymin, dont le rocher a servi d'ossature, et a permis une reconstitution des gradins ainsi que la conservation de la base du mur de scène. La taille du théâtre prouve que nous ne sommes pas dans une capitale, mais dans une ville de villégiature.

Ainsi une visite de la Provence romaine ne peut omettre Vaison et ses cinq hectares de vestiges. Pourtant, on aurait presque pu la baptiser Vaison-la-Romane. Au Moyen Age, les habitants se réfugièrent sur le rocher de la rive gauche. Notre-Dame de Nazareth a été construite en plein âge roman. Le cloître attenant est du plus bel effet. Le château des comtes de Toulouse est une forteresse massive dont le donjon s'élève au-dessus du roc abrupt. De ce promontoire, on domine l'ensemble de la petite cité, dont la gloire honore le comtat et la Provence tout entière.

Au sud de Vaison, les crêtes du massif montagneux sont tellement découpées, qu'elles sont appelées dentelles de Montmirail. Elles s'étendent entre le Ventoux, la vallée de l'Ouvèze et la plaine de Carpentras. Vaison est la porte septentrionale de ces Alpes comtadines qui élèvent leurs plis harmonieux à 735 mètres. C'est là un petit monde inconnu, isolé au pied du grand sommet. Le centre est dominé par d'élégantes lancées de calcaire érodées de manière insolite. Ces dentelles ont été sculptées par le vent et par les eaux.

Mais ce pays est aussi celui des vignobles. Les villages sont comme sertis dans le calcaire. Leur aspect varie selon le relief. Ils semblent s'insinuer de manière très heureuse à l'intérieur et sur le pourtour des dentelles, minces lames, prismes ou cirques.

Les princes d'Orange qui empruntèrent la route qui, aujourd'hui, porte leur nom, entre Vaison et Orange, étaient une des branches de la maison des Baux. Ces puissants féodaux du Midi régnaient sur près de quatre-vingts villes et bourgs. Au hasard des mariages, la petite principauté d'Arausio avait échu à la famille d'Orange-Nassau.

Terminant un ensemble de reliefs et de cailloux, la colline Saint-Eutrope qui surplombe Orange a une situation militaire et commerciale stratégique. Cela explique la richesse de son histoire. L'oppidum celto-ligure devint au temps de l'occupation romaine une colonie, qui connut alors une période de prospérité, si l'on se base sur la multitude des vestiges qui y ont été trouvés.

Ce qu'il y a d'exceptionnel, à Orange, c'est le théâtre. Il s'agit là du plus beau et du mieux conservé de tous les théâtres antiques. Construit vraisemblablement sous le règne d'Auguste, il est adossé à la colline sur laquelle s'appuie l'hémicycle de ses gradins.

Les dix-neuf arcades du mur, ouvertes ou aveugles, correspondaient aux structures de la scène : avant-scène, coulisses, portes latérales, et grande porte centrale. Les arcatures aveugles qui sont au-dessus n'avaient qu'une fonction décorative de symétrie.

L'autre perle de l'Orange romaine, c'est l'« Arc de triomphe ». Par ses dimensions, il est le troisième des constructions de ce style. Mais ce qu'il a surtout de remarquable, c'est l'état dans lequel il est parvenu jusqu'à nous. Sa face nord est particulièrement intacte. Sa décoration commémore comme tous les arcs de triomphe, une victoire militaire. Ici, il s'agit de la victoire sur les Gaulois par la légion dont les vétérans fondèrent la colonie d'Arausio. Est également évoquée la bataille navale que César dut livrer à Marseille.

Au XIIe siècle, la petite principauté d'Orange comporte quelques seigneuries autour des villes d'Orange et de Courthezon. Ce fief, toujours dans la mouvance du comté de Provence, finira par entrer en possession de la famille des Nassau. Jamais cette famille qui gouverna même un temps en Angleterre n'oubliera son minuscule domaine français. Cela est tout à l'honneur d'Orange et de sa région. De nos jours, selon une des clauses du traité d'Utrecht, la maison de Nassau porte toujours le nom d'Orange-Nassau.

Les dentelles de Montmirail sont, après le Ventoux, le dernier contrefort des Alpes avant la vallée rhodanienne. Leur altitude, relativement modeste ne dépasse pas 734 mètres. Par là, malgré des caractéristiques alpines, elles apparaissent plutôt dans le paysage provençal comme de vastes collines. Ce nom de dentelles, des plus évocateurs, vient de l'extraordinaire découpage de leurs crêtes. Arêtes et aiguilles ont été très finement sculptées par l'érosion. Les dentelles par l'hostilité et la variété du relief constituent d'ailleurs un excellent terrain d'exploration pour les adeptes de l'alpinisme.

15

Ci-dessus : *Ce qui fait la richesse de la Vaison romaine, bien au-delà de l'excellent état de ses vestiges, c'est l'extraordinaire terrain d'investigation archéologique qu'elle représente. C'est une véritable ville n'ayant pas encore livré tous ses mystères qui s'étend sur la rive droite de l'Ouzève. Voilà ce qu'il reste du prestigieux passé de la cité. Durant les temps de la « Pax Romana », Vaison était « ce lieu de calme séjour où fonctionnaires et patriciens de Rome vinrent goûter au charme édénique des rives de l'Ouvèze ». Et l'on comprend parfaite-*

ment cette douceur de vivre tant appréciée des Romains en se promenant entre les pierres de ce site archéologique agréablement aménagé en jardin public.

Ci-contre : *Auguste n'est pas le seul personnage, malgré sa position stratégique, à hanter la mémoire d'Orange. Le souvenir de la célèbre famille hollandaise est partout présent, ne serait-ce que par le nom de la route à laquelle elle a laissé son nom.*

L'itinéraire d'Orpierre à Orange était constamment utilisé par les princes d'Orange qui étaient aussi

barons d'Orpierre. La principauté d'Orange et la baronnie d'Orpierre ont appartenu toutes les deux aux maisons de Chalon-Arley, de Nassau-Orange puis de Bourbon-Conti. Sous chacune de ces dynasties, les princes, qui visitaient leur domaine, mais également les hauts personnages de la cour ou du parlement d'Orange, empruntaient cette ancienne voie gallo-romaine. Par la suite, la route fut aussi celle qu'utilisèrent les nombreux marchands d'Italie du Nord qui gagnaient Avignon où la cour pontificale menait une vie de luxe et de faste.

Ancienne colonie romaine, Orange peut être fière de conserver deux monuments antiques parmi les plus prestigieux de Provence. Le célèbre théâtre construit au premier siècle de notre ère, peut contenir 10 000 spectateurs. Son mur de scène était décoré de colonnades dont il reste encore des vestiges. Sa façade, large de 103 mètres, haute de 37 mètres, est aussi impressionnante : puissance de la construction, rigueur et logique des lignes, voilà les aspects les plus frappants de ce théâtre d'Orange. Louis XIV en était si fier qu'il l'appelait « le plus beau mur de mon royaume ».

Page ci-contre : Rue médiévale à Vaison-la-Romaine.

Moins illustre, mais tout aussi évocatrice que la Vaison romaine, la Vaison médiévale se déploie au hasard de ces ruelles en pente que l'on appelle ici des « calades ». Ces calades sont pavées de galets provenant de l'Ouvèze qui coule aux pieds de la butte. La « vieille ville » de Vaison s'est développée aux XIIIᵉ et

XVIᵉ siècles, sur les pentes de cette éminence que les princes de Toulouse avaient choisie pour tenter de dominer le monde. Ce centre historique de Vaison, longtemps oublié revit aujourd'hui. Il a, en effet, eu la chance de pouvoir bénéficier des efforts et des investissements que les propriétaires des maisons (souvent des artistes) ont tenu à mettre au service de la conservation du patrimoine.

Le mont Ventoux et le Haut Comtat

Pétrarque a raconté dans un célèbre récit son ascension au mont Ventoux. C'est là l'un des plus anciens témoignages d'excursion en montagne. Ce n'est pas un hasard si cette « première » littéraire a choisi comme cadre la montagne qui domine, telle une pyramide, la totalité de la Provence.

Le massif du Ventoux est l'accident le plus marqué de la Provence rhodanienne. Il est un des éléments montagneux de la région ; en effet, le massif des Baronnies le borde au nord, la montagne de Lure le prolonge à l'est, et les fameuses dentelles de Montmirail sont sa frontière occidentale. Au sud, s'étend le large plateau du Vaucluse.

Le Ventoux a bien sûr son histoire, mais aussi sa légende. Ne serait-ce qu'à propos de son nom, les interprétations sont nombreuses. « Ventour », son nom d'origine, peut signifier bien des choses, mais « battu par les vents » semble être l'étymologie la plus probable.

Ce mont chauve culmine à 1 912 mètres, ce qui le place largement au-dessus des autres montagnes rhodaniennes. Sa végétation est variée. Il est couvert de forêts de hêtres et de pins, mais aussi de pâturages, et les fameux troupeaux transhumants viennent y chercher une herbe plus verte et plus tendre que celle qui s'est depuis longtemps desséchée dans le bas-pays. Ses fleurs et ses plantes le rendent bourdonnant d'abeilles.

De manière plus générale, la végétation du mont Ventoux est extraordinaire de par les étages climatiques qui y sont rassemblés. En basse altitude, on trouve des plantes nettement méditerranéennes. Plus haut, c'est l'étonnante variété des forêts. Déboisés par l'industrie des chantiers navals de Toulon, les flancs sont couverts d'un manteau forestier relativement récent. Pins, chênes verts et blancs, cèdres, hêtres, sapins et mélèzes disparaissent vers 1 600 mètres pour laisser place à une flore alpine, aux échantillons variés et recherchés de fleurs polaires.

Pour le Provençal, le mont Ventoux, encapuchonné de neige six mois sur douze, est beaucoup plus qu'une simple éminence géographique. C'est l'Olympe ; son isolement grandiose lui confère une dimension divine. Les routes qui mènent au sommet sont nombreuses. Le panorama s'étend de Marseille au mont Blanc, des Cévennes à la frontière italienne. Comment ne pas avoir, alors, cette impression de domaine des dieux ?

Pour celui qui atteint le sommet, toujours agité par les bourrasques, il mérite bien son nom de Ventoux. Mais pour bien voir le Ventoux, il faut être de ceux-là, et ne pas craindre l'ascension. Plusieurs itinéraires sont possibles, et c'est là un attrait supplémentaire.

De Carpentras, on attaque le Ventoux par des circuits qui permettent de découvrir des paysages aux horizons lumineux et des sites ignorés. Sault, Aurel, Montbrun-les-Bains, Reilhanette et Brantes jalonnent la route qui conduit à l'escalade par le versant nord. Montbrun, étonnante vision médiévale et romantique, présente des maisons dorées enfoncées dans le roc. De puissantes arcades s'étagent les unes sur les autres, dominées par des tours déchiquetées. Par les gorges de plus en plus étroites du Toulourenc, on découvre le château d'Aulan.

L'ascension par le nord est la plus exaltante. Elle est rendue aisée par une excellente route, mais c'est à pied qu'il faut atteindre le roc de la Femme Géante, puis le sommet. L'arrivée à Bédoin est saisissante. La transparence de l'air dans lequel se détachent quelques cyprès, les croupes du Ventoux qui viennent mollement y mourir font penser à l'Italie du Nord.

La véritable grimpette commence après de vastes plateaux, au hameau de Saint-Estève, où la route plusieurs fois lovée était redoutée par les pilotes lors des fameuses courses automobiles (de nos jours, il peut arriver que le Tour de France comporte une étape au sommet). Brusquement, les cultures disparaissent et la route serpente entre les chênes verts puis sous la splendide ramure des cèdres.

La récompense, qui vaut la peine, c'est cette souveraine découverte de l'univers provençal dans ce chevauchement de crêtes, où le regard englobe les neiges éternelles des grandes Alpes, la ligne de la mer qui souligne la plate Camargue et les monts arrondis d'Auvergne. Aujourd'hui, une tour hertzienne occupe cette place de rêve. Plus bas, des toits s'accrochent aux vallées, des damiers de culture, de vignes et de vergers s'étagent sur les pentes.

La porte du Ventoux, ce peut être la petite ville de Malaucène entre Vaison-la-Romaine et Carpentras. Malaucène se situe à l'ouest du Ventoux, à l'est des dentelles de Montmirail. Elle est fière des énormes platanes qui bordent son cours, autant que de son beffroi carré ou que de son église romane dont la fondation remonte, d'après la légende, à Charlemagne.

Près de Malaucène, la source de Groseau se répand en un vaste bassin ombragé d'ormeaux géants. La source jaillit, abondante, au pied d'une falaise. Captée par les Romains pour alimenter Vaison, elle était déjà vénérée par les Gaulois qui y déposaient des plaques votives. Une chapelle fondée en 684 fut reconstruite au XIIe siècle. Le pape Clément V fit du Groseau son séjour de prédilection. Il y fit bâtir un palais dont il reste peut-être une tour.

La route de Carpentras passe au pied du Barroux dont le château, après avoir été le fief des comtes de Toulouse, a été reconstruit au XVIe siècle. Incendié dans les dernières semaines de la Seconde Guerre, il a été récemment restauré. Cet édifice présente l'intérêt d'être un exemple de transition entre un château fort et un château de plaisance.

Carpentras, capitale du comtat Venaissin, règne aussi sur le Ventoux. Pour la découvrir, il faut traverser les bois de pins, les olivaies et les vignes qui parsèment la plaine de Modène. De Bédoin à Sainte-Colombe, par contre, ce sont des forêts de chênes auprès desquels poussent les truffes, spécialité de la région.

Carpentras possède les édifices les plus rococo de toute la région du Midi. Ils nous rappellent que jusqu'à la Révolution, cette petite ville était la capitale du comtat, et qu'à ce titre, elle revêtait une importance qu'elle n'a pas su conserver par la suite.

La personnalité de ses évêques, et en particulier celle de Molachie d'Inguimbert ne fut pas étrangère à cette prééminence. Le prélat fit construire entre autres choses, l'Hôtel-Dieu, dont il finança personnellement la décoration, tout à fait dans le goût de la seconde moitié du XVIIIe siècle. Le moindre pot à pharmacie recevait à cette époque un décor digne d'une boiserie d'hôtel !

D'Inguimbert eut également l'intelligence de recueillir les trésors et en particulier, la correspondance du grand érudit provençal Peiresc, ami de Rubens. Ses trésors ajoutés aux siens constituèrent le fond du musée-bibliothèque, véritable musée du livre installé depuis plus d'un siècle dans l'hôtel d'Allemand. De plus, ce musée s'est adjoint une bibliothèque municipale particulièrement riche.

Bien que grand bâtisseur, d'Inguimbert se voulait respectueux du passé. C'est pour cette raison qu'il garda le palais épiscopal construit en 1640 par La Valfenière. Heureusement, car cet édifice a beaucoup d'allure. Il abrite, de plus, une intéressante collection de tableaux du XVIIe siècle dont les plus beaux sont signés Mignard.

D'Inguimbert fit encore agrandir la chapelle Notre-Dame-de-Santé, dont la décoration est identique à celle de la synagogue. Celle-ci est la plus ancienne de France. Elle évoque l'ancien ghetto qui, avant la Révolution, comptait jusqu'à 1 200 israélites. Carpentras a, du reste, parfois été surnommée la « petite Jérusalem ». Le comtat fut hospitalier aux « juifs du pape » et la plus grande de leurs quatre communautés fut la carpentrassienne.

Si elle ne doit rien bien sûr, directement à l'évêque-mécène, la synagogue possède un décor qui est le reflet de l'impulsion qu'il sut donner à la vie artistique de cette petite cité.

Le plaisir que l'on a à découvrir le rococo carpentrassien, plein de charme et d'originalité, ne doit pas nous faire oublier les richesses antérieures. Comme d'Inguimbert, respectons le passé, et en particulier les géniaux bâtisseurs de cathédrale. Saint-Siffrein, construite à la fin du XVe siècle, est d'un gothique flamboyant, mouvementé et nerveux. Au-dessus de la porte que les juifs convertis empruntaient (d'où son nom de Porte Juive), se situe la curieuse Boule-aux-Rats. Personne ne sait ce qu'elle symbolise, mais les suppositions sont multiples. Peut-être s'agit-il d'une légende musulmane ; les Sarrasins, très redoutés en Provence, ont laissé quelques souvenirs dans l'ensemble du Ventoux.

Au sud-est de Carpentras, on découvre au milieu des chênes romantiques la perle de Vénasque : son baptistère mérovingien. C'est le seul reste ou presque, d'une ville qui eut son heure de gloire lorsque le siège de l'évêque de Carpentras y fut installé, au VIe siècle. Une grande construction a été faite à partir de colonnes de marbre blanc, remployées d'un édifice romain. Il s'en dégage une certaine majesté.

L'explorateur E.-A. Martel considérait les gorges de la Nesque comme l'une des plus belles percées hydrogéologiques du Midi, après les gorges du Verdon. Il est vrai que par sa longueur (20 kilomètres) et par sa profondeur (près de 400 mètres au rocher de Cire), ce canyon est un des sites les plus grandioses. Le village de Monieux en garde l'entrée, celui de Méthanis, la sortie.

Pages suivantes : Si les Grecs fondèrent des colonies en Provence, c'est bien parce que ce paysage méditerranéen était proche de celui qu'ils connaissaient. Le climat et le sol permettaient l'importation de l'arbre grec par excellence : l'olivier. L'implantation de l'olivier détermine exactement les limites du climat méditerranéen. Il y a en Provence plus de soixante variétés différentes. Les cueillettes ont lieu tous les deux ans. Comme l'amandier ou le figuier, l'olivier permet la culture de primeurs à l'ombre de ses feuillages. Les olives sont, pour la plus grande part, destinées à la production de l'huile. Avec la pâte restante, on fait des savons. Toute la cuisine en Provence est faite à base d'huile d'olive.

La Nesque est une petite rivière qui descend du mont Ventoux ; elle se jette dans la sorgue de Velleron. Avant de pénétrer dans la plaine du comtat, elle a dû se frayer un passage entre les assises calcaires du plateau du Vaucluse.

La diversité des paysages, la simplicité de cette Provence du Ventoux et du comtat Venaissin, son relatif isolement, l'authenticité de ses sites et de ses villages d'un autre temps, en font une contrée des plus émouvantes.

« Lou Ventour », du latin Ventosus, balayé par les vents, est la plus haute montagne isolée de l'intérieur de la France. Rien d'étonnant alors qu'elle ait insipiré le plus grand écrivain de langue provençale, Frédéric Mistral :

« E Ventour, que lou tron Laouro

Ventour que venerable, aubouro

Subre li moutagnolo amatodo souto éu

Sa blanco testo fin qu'is astre ».

« Le Ventoux que tonnerre laboure

Ventoux, qui vénérable dresse sur les collines blotties sous lui

Sa blanche tête jusqu'aux astres ».

Moins poétiquement et plus commercialement, les collines blotties sous le Ventoux sont aussi des vignobles. La région est un important centre viticole de la Provence qui en compte plus d'un.

Le plateau du Vaucluse

Le département du Vaucluse est essentiellement constitué du plateau du même nom. Un ensemble de reliefs peu ondulés, mais relativement élevés, s'étend entre la chaîne de Lure et les monts du Lubéron. Au nord, les gorges de la Nesque marquent une brutale rupture, et le plateau se termine en falaises. A l'inverse, l'altitude baisse progressivement au sud, jusqu'aux vallées du Coulon et du Calavon.

Le haut plateau d'Albion, au nord-est, forme une transition avec les montagnes de Lure. C'est un véritable causse, percé de gouffres que l'on appelle des avens. Ces gouffres absorbent l'eau qui se répand ensuite au gré d'une ramification souterraine. Voilà qui explique géologiquement la formation de la fameuse fontaine de Vaucluse.

Ce site a été le cadre de la douloureuse retraite du prince des poètes et humaniste, Pétrarque. C'est en Avignon qu'en 1327, ce familier du palais des Papes rencontra pour la première fois la belle et vertueuse Laure pour laquelle il se prit d'une réelle passion, hélas non partagée.

Cet amour a empli toute sa vie et l'a, en contrepartie de sa cruelle déception, heureusement inspiré. A trente-trois ans, le poète cherchera en vain à oublier celle dont son cœur était épris, en se retirant près de cette source vauclusienne.

Espérons que ses larmes n'ont pas été à la mesure de la « résurgence » qui est une des plus puissantes du monde. C'est en hiver ou au printemps que les eaux du fleuve souterrain de la Sorgue sont les plus hautes. Le débit peut atteindre cent cinquante mètres cubes par seconde alors que l'été, il lui arrive de ne pas dépasser huit mètres cubes.

Ce spectacle aquatique, cette « féerie des eaux », peut être très impressionnante lorsque, par exemple, la masse de la résurgence est telle que les figuiers ont les pieds dans l'eau. Pline déjà signalait son existence : « Dans la province de la Narbonnaise, il y a une fontaine bien connue qui s'appelle Orge ; il y pousse des herbes si bonnes pour les bœufs, qu'ils plongent leurs têtes dans l'eau pour les y chercher. »

Après le siège de Marseille, les Romains fondent comme étape sur la route des Alpes non encore soumises, la colonie Julia Apta. A l'époque, la ville se situait sur une île entre deux bras du Coulon. La branche nord correspond au lit actuel. Remarquablement placée, Apt est au cœur d'un bassin qui s'ouvre au sud sur les plaines du Comtat et qui sépare le plateau du Vaucluse des montagnes du Lubéron.

Le Calavon change de nom en passant de la montagne à la plaine ; curieusement, le gaulois Calavon devient le provençal Coulon. Toute cette Provence occidentale est jalonnée de carrières de molasse blanche. C'est dans cette pierre que sont taillés ou construits grottes, oppida, villages, châteaux, églises et mêmes bories.

Apt et sa région ont grâce à leurs activités artisanales et industrielles une odeur de confiture. Mme de Sévigné appelait la ville « un chaudron de confiture ». Apt est également le principal centre d'extraction de l'ocre. Il existe au nord-est de la ville un véritable canyon qui s'appelle le Colorado de Rustrel. On peut y voir des cirques d'exploitation et des bassins de décantation.

La plus grande beauté du Vaucluse est sans conteste la petite ville de Gordes. Elle se présente telle une acropole. Les maisons et la roche dénuée de végétation s'étagent jusqu'au sommet de la colline dominée par le château et l'église. Tout le charme de Gordes vient de cet empilement d'architecture et de rochers. Les flancs sont couverts d'oliviers et d'amandiers.

Le regard est encore plus attiré par les deux masses qui surplombent l'ensemble. Le château seigneurial a été reconstruit au XVIe siècle. L'histoire raconte que le baron de Gordes, Simiane, qui fit construire le château ne tenait pas à mettre à exécution les ordres reçus du roi pour la Saint-Barthélemy. Il aurait répondu à l'envoyé de la couronne : « Je suis le lieutenant du roi, mais non pas son bourreau. » Est-ce par crainte des représailles qu'il garda certaines parties fortifiées ?

En effet, le château a conservé d'austères tours à mâchicoulis. La façade méridionale présente des souvenirs des temps précédents comme les échauguettes sur les côtés ou les meneaux qui structurent les fenêtres. Par contre, la monumentale cheminée a bien un décor Renaissance. Le manteau comporte treize niches qui devaient recevoir des sculptures du Christ et des apôtres. Les motifs ornementaux sont inspirés de l'Antiquité : frontons, coquilles, rinceaux, etc.

Des salles ont récemment été aménagées pour recevoir des œuvres sculptées ou peintes de Vasarely. Cela n'a rien de surprenant, puisque l'artiste a énormément travaillé à Gordes. Le cheminement artistique de Vasarely est intéressant. Après une période géométrique, le peintre s'est intéressé aux déformations des lignes et aux illusions d'optique, jusqu'à devenir un des créateurs de l'art cinétique, où le spectateur est obligé de se déplacer pour voir l'œuvre en entier. C'est lui qui crée le mouvement.

Des hauteurs de Gordes, on peut découvrir Sénanque au fond du vallon de la Sénacole. L'abbaye cistercienne s'incorpore à un paysage sauvage et comme désolé. C'est peut-être la vue que l'on a du chevet avec l'arrondi des toits qui est la plus belle.

Les moines choisirent cet emplacement parce qu'il était isolé mais il était également exigu, ce qui les obligea à orienter le chevet au nord, plutôt qu'à l'est, comme il est habituel de le faire.

Sénanque est l'une des trois abbayes cisterciennes de la Provence. Les deux autres sont celles du Thoronet et de Silvacane. Elle a été fondée au XIIe siècle. Depuis elle a subi des vicissitudes. Ainsi, au XVIe siècle, elle fut incendiée et ses moines furent pendus.

Quittons l'univers cistercien et le plateau du Vaucluse avec ces paroles d'un écrivain américain qui vécut là quelque temps : « Regardez Sénanque dans sa profonde vallée provençale près de la Vaucluse de Pétrarque où les buissons de buis et de chênes nains s'attachent aux flancs de la montagne, parmi les pâles affleurements de roches qu'un soleil brûlant a teintés de blanc et d'ocre... Cela se résume en trois mots : paix, silence, solitude. »

Ci-dessus : *Sénanque est l'un des rares ensembles cisterciens à avoir conservé ses édifices monastiques tels qu'ils se présentaient au XIIᵉ siècle. On peut encore voir le dortoir voûté en berceau brisé sur doubleau. L'église présente des proportions absolument remarquables.*

A côté le cloître dans lequel la lumière semble plus chaude est moins sévère. Car c'est bien là tout le charme de cette abbaye : son austérité.

Et ce qui est saisissant, c'est que le vallon choisi par les moines répond exactement, par son splendide isolement, aux aspirations cisterciennes. Trois mots résument Sénanque dans sa parfaite adaptation du style au site : paix, silence et solitude.

Ci-contre : *Telle est la vue de Gordes qui s'offre à qui à la chance d'emprunter la route venant de Cavaillon. Le village semble véritable-ment émerger du calcaire, des oliviers et des amandiers. Tout le charme de Gordes réside dans cet étagement de roches, de végétation et de maisons, magistralement couronné par les deux masses du château et de l'église. Le mélange de l'ocre et du vert est extrêmement poussé, jusque dans le détail, puisque certaines maisons éventrées et abandonnées ont été occupées par des broussailles et des arbres, et ce, pour le plus grand plaisir de l'œil.*

Ci-dessus : *Les « bories », ces petites maisons construites en pierres sèches, sont une caractéristique du plateau du Vaucluse, comme elles le sont du Lubéron. C'est parce que le climat méditarranéen permet le développement uniquement d'une végétation à croissance lente, que le sol n'est pas trop profond. La conséquence en est que la roche mère est très proche et qu'elle se décompose en strates. Les pierres que l'on trouve sont donc extrêmement plates. Et comme pour développer l'agriculture, il fallait « dépierrer » le sol, les habitants prirent l'habitude d'entasser ces moellons naturels pour construire des murs mais également ces fameuses bories. Ils utilisaient les matériaux qui étaient directement à leur disposition, ce qui* explique qu'il n'y ait pas de liant. Les murs sont construits en « pierre sèche ».

Ci-contre : *Cet arbre perdu au milieu d'un champ de lavande de la région d'Apt, apparaît comme Apt elle-même au milieu de la Provence. Voilà comment Jean Goffrier définit ce cœur de la Provence qu'est Apt : « le plein cœur de la Provence est une région relativement peu fréquentée, qui ne connaît point le mistralisme conservateur et touristique de la basse vallée rhodanienne, l'activité fébrile de Marseille, l'internationalisme balnéaire et mondain de la Côte d'Azur ou le romantisme quelque peu outré de la Haute Provence. C'est le pays d'Apt ».*

Le Lubéron

Le massif du Lubéron dresse sa barrière sur près de soixante-dix kilomètres de Cavaillon à Manosque. Arête, presque rectiligne, à peine rompue au tiers de distance par la combe de Lourmarin, permettant de relier Apt à Cadenet. Les monts s'étendent d'ouest en est entre la vallée du Coulon et le lit plus large de la Durance qui remonte ensuite vers le nord pour se jeter dans le Rhône, près d'Avignon.

Montagne aride, roche à vif, herbes rares, telles sont les caractéristiques de ce Lubéron qui recèle certainement de nombreux vestiges de civilisations enfouies. Au XVIe siècle, cette montagne fut le théâtre sanglant des persécutions qui s'abattirent sur les Vaudois, ce groupe religieux qui professait les idées de Pierre Valdo.

La doctrine vaudoise était apparentée par le pouvoir à une hérésie. En effet, elle se basait sur une observation très (ou trop) stricte de l'Evangile. Pour mettre fin aux pillages et aux incendies d'églises auxquels se livraient les hérétiques, François Ier dut envoyer une expédition commandée par le seigneur d'Oppède. De nombreux villages furent mis à sac, et près de trois mille personnes furent pendues, décapitées ou lapidées. Telle fut la triste fin de l'hérésie vaudoise dans le Lubéron.

De manière générale, si l'approche automobile est toujours possible, seules les randonnées pédestres permettent aujourd'hui de se déplacer au cœur de la montagne. C'est ainsi que l'on peut au mieux découvrir, au hasard d'un sentier, ces cabanes si caractéristiques que l'on appelle des bories. Il y a ainsi dans toute la région du Lubéron et du Vaucluse plusieurs milliers de petites maisons qui se répartissent sur les plateaux.

Elles sont construites en pierre sèche, c'est-à-dire sans mortier, et se composent de murs épais. Les pierres sont posées en encorbellement (autrement dit, les moellons sont en surplomb les uns sur les autres). Leurs formes sont extrêmement diverses : rondes, carrées ou ovales. Leurs usages également furent multiples : maisons d'habitations de tout temps, ou cabanes réservées aux occupations domestiques, elles servirent aussi de refuge aux Vaudois, au plus fort de la crise.

Si les bories font partie intégrante du paysage, ce ne sont pas les seules constructions qu'aient su édifier les habitants du Lubéron. Les châteaux sont également nombreux. Celui de Lourmarin est particulièrement intéressant. Il est d'époque Renaissance et séduit par sa rigueur et sa sobriété. Il a encore une fonction défensive comme les bouches à feu le laissent supposer. Enfin sorti des luttes impériales, le pays entra dans la crise des guerres de Religion.

Le château d'Ansouis date du XIIIe siècle, mais il fut rénové au XVIIe siècle. Le plus impressionnant, dans la découverte de l'édifice, est peut-être la montée, qui se fait à pied, de l'ancienne forteresse. Ansouis, par ailleurs, est un village qui a beaucoup de cachet. Les ruelles se distribuent autour du château. En plusieurs endroits on peut encore découvrir quelques vestiges médiévaux. Il n'est pas impossible que certaines fondations dans le roc datent de l'époque romaine.

Les deux châteaux de Lourmarin et d'Ansouis sont situés dans le pays d'Aigues qui s'étend entre le Grand-Lubéron et la vallée de la Durance. Pertuis est au centre de cette zone maraîchère. Ville de maçons (certains ont travaillé à Aix), Pertuis a su se doter d'une architecture remarquable et ce, à toutes les époques. A l'est, on peut remonter la Durance à partir du pont Mirabeau jusqu'à Manosque.

Egalement située sur la Durance mais à l'ouest, dans la direction de Cavaillon, l'ancienne abbaye de Silvacane est une abbaye cistercienne. L'ensemble est d'une simplicité très en rapport avec l'éthique de Saint-Bernard. Il reste l'église, un cloître et les bâtiments conventuels.

Quittons la Durance pour le massif du Lubéron. On distingue de chaque côté de la saillie faite par la combe de Lourmarin, le Grand-Lubéron à l'est et le Petit-Lubéron d'altitude moindre à l'ouest. Henri Bosco a, avec beaucoup de poésie, décrit le massif de la sorte : « De toi, rien n'éclate, ne se brise et ne croule. Tout demeure clos. Aucun de ces pics déchirants de ces cris où s'exaltent douloureusement d'illustres montagnes ne déshonore la maîtrise de tes sommets. »

C'est à 1 125 mètres que culmine dans le Grand-Lubéron le Mourre-Nègre. De là, on a une vue qui embrasse la montagne de Lure et les Préalpes de Digne, la vallée de la Durance couronnée au loin par la montagne Sainte-Victoire, mais aussi l'étang de Berre et les Alpilles.

La partie occidentale du Lubéron est appelée, du fait de ses altitudes moindres, le Petit-Lubéron. La ligne de crête de l'ensemble est plus rectiligne qu'à l'est. La route des sommets du Petit-Lubéron dessert le petit village de Bonnieux que Maurice Pezet décrit « comme enroulé dans ses remparts sur une roche où les tourbillons du vent se sont inscrits en cercles. Vision d'un mont Saint-Michel de Provence avec une Vierge veillant sur une église haute couronnée de cèdres ».

Ce sont trois étages de remparts qui se succèdent et donnent ainsi une impression d'enroulement autour de l'oppidum antique qui a été fortifié par les Romains.

Plus loin, c'est le village de Lacoste avec là encore son château qui le surplombe. Cet édifice appartenait à la famille de Sade. Le marquis fut seigneur de Lacoste pendant trente ans même s'il ne résida ici que quatre ans. Le château comprend un beffroi du XVIIᵉ siècle orné de colonnettes.

Ménerbes tire peut-être son nom de la romaine Minerve. Elle a effectivement eut la réputation jusqu'aux guerres de Religion d'être imprenable, défendue comme elle l'était par un château fortifié et par une citadelle. A Ménerbes, il faut se rendre à l'église de l'Assomption qui a été construite au XVIᵉ siècle. La vue qui s'offre du chevet est absolument grandiose.

Mais parmi tous ces villages perchés, un surtout peut être qualifié de nid d'aigle : il s'agit d'Oppède-le-Vieux, le plus connu de tous. Il possède bien un caractère magique qui lui est donné autant par la lumière blonde qui fait ressortir très heureusement la couleur chaude de la pierre que par son histoire mouvementée.

Est-ce le souvenir des sombres années qui mirent fin à l'hérésie vaudoise ? Le Lubéron semble ne rien attendre de l'extérieur, même si ses propres ressources sont modestes. Des visiteurs de plus en plus nombreux sont attirés par ce pays depuis une décennie, au point que la création d'un parc naturel régional en 1977 s'est avérée nécessaire.

Ci-dessus : *Le village de Roussillon tient son nom de la couleur ocre de ses pierres. La région vécut longtemps des ressources fournies par l'exploitation des carrières d'ocre des environs. La teinte de la pierre est bien caractéristique des constructions de cette petite bourgade, qui domine, du haut de son promontoire, la vallée du Coulon et le plateau du Vaucluse. Ainsi, du*

haut du mont Rouge auquel s'accroche Roussillon, peut-on rêver devant le Val-des-Fées, la Chaussée-des-Géants, ou la Fontaine-des-Naïades. Comme beaucoup de beffrois et de clochers du Lubéron, la tour qui domine Roussillon est couronnée d'un campanile de fer forgé qui abrite la cloche.

Ci-dessus : *Situé au sommet d'un piton rocheux de la façade septentrionale du Lubéron, le village d'Oppède-le-Vieux, très ruiné, serait aujourd'hui abandonné, si de nombreux artistes et hommes de lettres ne s'étaient efforcés de lui redonner vie. La restitution des vestiges est extrêmement soucieuse de mettre en avant les aspects les plus authentiques de la petite ville. Le*

tristement célèbre seigneur d'Oppède se livra à de telles atrocités sur la population hérétique du Lubéron, que tout président du parlement d'Aix qu'il était, il dut comparaître devant le parlement de Paris pour justifier de sa répression excessive.

Blanche de Levis, dame de Lourmarin, eut beau apporter son témoignage, et prendre la défense des paysans, nulle peine ne fut retenue contre le puissant seigneur.

Pages suivantes : *Le château de Lourmarin présente une parfaite harmonie de volumes. Les différentes parties sont disposées les unes par rapport aux autres de manière très équilibrée. La composition est d'une grande pureté. L'impression de rigueur géométrique est accentuée par les rares éléments de décor que* constituent les pilastres et les meneaux des fenêtres ainsi que les moulures qui séparent les étages. Le château neuf date de 1540 et a donc été conçu en pleine période de la Renaissance. Mais le parapet qui couronne les murailles est percé de meurtrières. Lourmarin a été le théâtre de l'horrible répression exercée par le baron d'Oppède sur les hérétiques vaudois.

Avignon

Avignon, la superbe cité des papes, ponctuée d'une multitude de clochers, où « trois cents cloches tintinnabulent » si souvent, qu'on l'appelle la « sonneuse de joie ». C'est l'« Isle sonnante » de Rabelais. D'avoir été longtemps la capitale du monde chrétien, Avignon a gardé le sens de la grandeur mais aussi le goût de la fête. L'histoire en a fait un rêve de pierre sur lequel le temps n'a pas de prise. Elle apparaît comme une de ces cités mythologiques qui surgissent dans les lointains paysages des tableaux du Quattrocento.

Est-ce un hasard, si lorsqu'ils débarquaient de leur bateau, les Romantiques évoquaient Tolède, Florence ou Ferrare ? Italienne, Avignon l'est, avec sa multitude de chapelles, de couvents, de collèges et d'hôtels particuliers. Doit-on cet italianisme à l'installation de la cour pontificale au moment de la crise romaine ?

Ce fut un grand jour pour Avignon que celui de 1309 où Clément V décida de transporter la cour dans le comtat Venaissin dont il était suzerain. L'avenir de la papauté semblait en effet menacé à Rome, en proie à la guerre civile. Son successeur, Jean XXII, ne voulut pas quitter ce palais épiscopal, et c'est ainsi que la ville devint la résidence des papes.

La physionomie du palais reflète bien la double préoccupation de sécurité militaire mais aussi de majesté. Stendhal notait à son propos : « Je remarque qu'il est construit avec toute la méfiance italienne ; l'intérieur est aussi bien fortifié contre l'ennemi qui aurait pénétré dans les cours, que l'extérieur contre l'ennemi qui occuperait les dehors. » L'aspect extérieur est impressionnant : ce sont de véritables falaises de murailles et de contreforts qui se dressent dans le ciel. Mais cependant...

L'histoire de la construction nous renseigne sur cette dualité. Le Palais Vieux est l'œuvre de l'austère Benoît XII, ancien moine cistercien. A l'inverse, le Palais Nouveau est à l'image de Clément VI, prince, ecclésiastique et mécène. En fait, la ligne architecturale de cet étrange forteresse-palais n'est pas rompue. Construit entre 1334 et 1359, l'édifice n'a plus rien de la massivité d'un château fort. Bien au contraire, il présente, malgré son double caractère, une heureuse unité de conception et de style. Les tourelles d'angle sont fines et percées d'étroites archères. La suite des arcatures ogivales plaquées sur les murs anime l'ensemble.

La recherche de magnificence est parfaitement évidente à l'intérieur du Palais Neuf. Les salles sont voûtées d'ogives et les murs étaient recouverts de fresques dues aux meilleurs artistes italiens du moment. Malheureusement, beaucoup ont été détruites, mais ce qui a pu être sauvé laisse entrevoir le faste qui fut celui du palais, qu'il s'agisse des fresques de Matteo Giovanetti da Viterbo, des vastes tapisseries ou des curieuses sculptures de la salle de la Grande Audience.

Certaines salles méritent en effet une attention particulière, telles la salle de la Grande Audience, la chapelle Clémentine ou les appartements de Clément VI, chefs-d'œuvre de l'architecture gothique. Certes, la plupart des meubles ont disparu à la Révolution, la statuaire a souvent été brisée. Au XIXe siècle, dans ce palais devenu caserne, la peinture grise réglementaire recouvrit les murs. A quelque chose malheur est bon : ainsi furent préservées certaines fresques.

Il est facile d'imaginer ce que pouvaient être l'agitation et le vacarme en Avignon au temps des papes. Mais aujourd'hui, en ce palais, il se dégage assez vite une impression de tristesse due au vide et à la solitude. La mélancolie qui imprègne le palais est d'autant plus frappante, qu'Avignon est par ailleurs une ville où règnent partout animation et gaieté.

A côté du palais se dresse, sur le rocher primitif, la cathédrale d'Avignon. La statue dorée de la Vierge date du Second Empire. Cette statue rompt l'harmonie un peu disparate de l'édifice construit au XIIe siècle, restauré au XVe siècle et doté ultérieurement de chapelles. La nef en berceau brisé, ainsi que la curieuse tour, signe l'époque du premier aménagement.

Palais des papes, cathédrale et rocher des Doms, du haut de ces belvédères, on découvre le vieil Avignon, ses toits de tuiles rousses, ses façades grises, ses multiples clochers : Saint-Pierre, gothique et aigu, Saint-Agricol, massif et rectangulaire ou les Augustins, dont la flèche tronquée s'orne d'un campanile de fer forgé. Il faudrait également évoquer les Carmes, la tour Saint-Jean-des-Hospitaliers ou Notre-Dame.

Au-delà, les tours à créneaux qui jalonnent le grand ovale des remparts ont fière allure. La cité des papes tient en cet espace avec son lacis de ruelles pittoresques. Elles ont conservé une cinquantaine de beaux hôtels des XVIe et XVIIe siècles. Le gothique provençal, les façades « grand siècle », les fenêtres à meneaux se succèdent.

Ville belle, brillante et fastueuse où, dans le sillon de la papauté une cour savait donner la fête et cultiver les arts, Avignon a su entretenir sa réputation. Cité des arts hier, cité des arts aujourd'hui.

Le musée Calvet, petit trianon du XVIIIe, est pour l'amateur d'art une riche étape. De plus, les collections de peinture d'Avignon viennent récemment de s'enrichir de tableaux d'artistes italiens du Quattrocento.

Mais Avignon est surtout en passe de devenir une maison de la culture à dimension urbaine. Le célèbre festival ne sera bientôt que le point d'orgue d'une fête permanente. En effet, la cité des papes est une plaque tournante culturelle depuis 1947, date à laquelle un autocar délabré débarqua devant le palais une vingtaine de comédiens maigres et désargentés. A leur animateur, Jean Vilar, la municipalité proposa gîte et couvert, en échange de quoi, il faudrait donner un spectacle au palais des Papes. Ainsi naquit le fameux festival. Chaque été, il draine des foules de tous les âges, de tous les pays. Théâtre, musique, danse, cinéma s'emparent de la ville, occupent le palais des Papes, le jardin d'Urbain V ou le cloître des Carmes. Tout un public improvisé prend les trottoirs pour cimaise et les places pour auditorium.

Page ci-contre : Ce n'est pas sur le pont Saint-Bénézet que les Avignonnais dansaient mais dessous. Le pont était trop étroit pour pouvoir accueillir une ronde. Au Moyen Age, il n'y avait pas énormément de ponts qui traversaient le Rhône. Avignon avait la chance d'en posséder un, tout comme Lyon, Vienne et Pont-Saint-Esprit. Par là, la route qui conduisait à Avignon devint importante, et la cité des papes devint une étape. La chapelle Saint-Nicolas, au pied du pont, est de style roman. Elle fut scindée en deux étages au XIII siècle, afin que les reliques de Saint-Bénézet, l'illustre constructeur du pont, fussent épargnées des inondations.*

Ci-contre : La « Semaine d'art en Avignon » fut créée à l'initiative de Jean Vilar en 1946. Il s'agissait de développer une forme de théâtre qui soit authentiquement populaire. Le public devait être attiré par la qualité du jeu des acteurs. Ce qui put être réalisé grâce à la participation d'artistes comme Sylvia Montfort, Jeanne Moreau ou Gérard Philipe. Aujourd'hui, le festival est toujours populaire, et en dehors des endroits prédestinés comme la place du Palais-des-Papes, c'est à toute heure et en tout endroit que de jeunes troupes exercent leur talent. L'esprit du festival est conforme aux objectifs du fondateur, même s'il a évolué en se diversifiant, faisant une place à la danse, à la musique et au cinéma.

Enfin, on ne peut quitter Avignon sans chantonner :
« Sur le pont d'Avignon, on y danse, on y danse,
Sur le pont d'Avignon, on y danse tous en rond. »

La célèbre chanson que tous les enfants connaissent n'est pas tout à fait exacte. Il est en effet difficile de danser en rond sur le pont Saint-Bénézet, tant il est étroit. Par contre, c'est bien dans l'île de la Barthelasse que les Avignonnais se donnaient rendez-vous pour danser et faire la fête. Ce nom de Bénézet vient d'une légende ; un jeune pâtre du Vivarais, appelé « Petit Benoît » ou Bénézet entendit une voix lui ordonner de construire un pont sur le Rhône. Les autorités ne lui accordèrent aucun crédit, mais avec l'aide du peuple, et grâce à l'aumône récoltée par les « frères pontifes », le pont fut construit en sept ans.

Il reliait Avignon à Villeneuve-lès-Avignon sur une distance de neuf cents mètres et comprenait vingt-deux arches. Il n'en reste que quatre aujourd'hui. C'est par ce pont que chevaliers et piétons se rendaient vers le royaume de France, Villeneuve, réplique royale de la cité papale.

Ci-dessus : *L'hôtel des Monnaies montre par son style qu'Avignon n'est pas loin de l'Italie, et que pendant longtemps, de nombreux artistes transalpins y ont séjourné. La façade de l'hôtel date du début du XVIIe siècle. Elle présente des dragons qui pourraient être ceux de la famille Borghèse. Il a été dit que la conception de la façade était due à Michel-Ange, mais rien ne le prouve. Quoi qu'il en soit, l'éléva-tion qui présente une base très stricte*

de murs de refend, alors que le décor est très concentré dans sa partie supérieure, comme la balustrade qui borde le toit, en font un palais italien. L'écusson a successivement reçu les armes de Pie V, le chiffre impérial et les fleurs de lys. Aujour-d'hui, l'académie de musique est marquée des armes de la ville.

Ci-contre : *C'est le pape Inno-cent IV qui, en 1349, décida la construction des remparts de la ville. Sept portes commandent les entrées.*

Au total, la muraille mesure plus de quatre kilomètres. Il n'en fallait pas moins pour protéger la riche cité en ces temps troublés. Les grandes compagnies étaient des bandes de pillards qui semaient la terreur dans tout le pays. L'anathème lancé par le pape n'impressionna nullement ces écorcheurs et incendiaires. Les habitants, pris de panique, entrepri-rent la construction des remparts qui ne fut terminée que sous le pontificat suivant.

Les garrigues et le pont du Gard

Le pont du Gard est sans nul doute universellement connu. Il faut dire qu'au milieu de la sauvage et exubérante garrigue, il tranche en une étonnante raideur, en une implacable ordonnance. La blancheur de cette barrière architecturale s'incorpore magistralement à l'anarchisme de la nature.

Cette impression de parfaite harmonie est particulièrement évidente pour qui admire le pont avec un peu de recul. Suivant les heures, la couleur de la pierre change. Le soleil levant lui donne une coloration rougeâtre, alors que le soir, il est d'une tonalité beaucoup plus dorée. A toute heure s'ajoute le bleuté des eaux. Harmonie de couleurs, mais aussi harmonie des formes, grâce à cette parfaite maîtrise de la construction qui a fait des Romains de remarquables bâtisseurs.

L'aqueduc du Gard a été construit peu de temps avant notre ère, au temps d'Agrippa. Cet empereur a par ailleurs énormément fait pour les travaux d'adduction d'eau à Rome. C'est également grâce à lui qu'ont pu jaillir à Nîmes des eaux abondantes et fraîches. De manière générale, l'eau véhiculée par les aqueducs était issue d'une source placée à l'ombre, et durant le transport, des précautions étaient prises pour qu'elle ne s'échauffe pas.

Le pont du Gard est très précisément l'un des éléments d'une canalisation de cinquante kilomètres, reliant Uzès à Nîmes. Elle progressait au niveau du sol, soit en tunnel, soit en aqueduc.

Si l'on s'étonne de la manière dont les Egyptiens ont pu réussir à édifier les pyramides, on doit également admirer les méthodes romaines, puisque des blocs de six tonnes ont été hissés à plus de quarante mètres de hauteur. On sait que le treuil était actionné par des hommes-écureuils, placés à l'intérieur de la roue.

En toute logique, l'architecture du pont du Gard est à rapprocher de l'urbanisme nîmois. Une même monumentalité les caractérise. Le lit du Gardon paraît bien perdu sous ces arches gigantesques. L'appareillage est formé de très gros blocs. Aucun ciment, aucun mortier n'est nécessaire à la solidité de l'ensemble, et les pierres sont simplement empilées « à sec ». Il a pu parvenir ainsi jusqu'à nous.

Sous la troisième arche, en partant de la droite, on peut voir une sculpture appelée « le lièvre du pont du Gard ». Elle a donné naissance à une légende. Au XVIIe siècle, les piles du premier étage avaient été creusées pour faciliter la circulation des véhicules et des piétons. Il fut décidé dans la crainte d'un éboulement éventuel de rétablir le pont en son état primitif. Auparavant, nombreux étaient ceux qui malgré le droit de péage empruntaient ce passage fort pratique.

Le diable, dit-on, avait imaginé toutes sortes de moyens pour divertir les voyageurs, afin de récupérer leurs âmes déchues. Or ses affaires se portaient mal, car après la reconstruction du pont devenu (plus) mal commode, rares étaient les voyageurs. Le péager André se désolait tout autant de cette désertion. Le diable avait perdu sa clientèle, et il comptait bien la récupérer de n'importe quelle façon. C'est ainsi qu'il chercha à s'emparer de l'âme d'André qui refusa. Satan l'avertit alors que le premier être vivant qui, le lendemain, franchirait le pont serait reçu par lui dans un sac.

Le lendemain, André tira de sa besace un lièvre qu'il avait capturé pendant la nuit. Il le lança si loin devant lui que l'animal heurta la troisième arche sur laquelle il laissa son empreinte. Son corps retomba dans le sac du diable qui croyant emporter une âme se sauva rapidement. Lorsqu'il s'aperçut de son erreur, sa déconvenue fut si grande que jamais il n'osa revenir. Telle est la légende de la sculpture.

Une fois de plus, les Romains ont magistralement contribué à embellir un paysage qui n'en avait nul besoin. La nature seule suffisait à le rendre attrayant. A peu de distance du pont en amont, ce sont les magnifiques gorges du Gardon. Ce pays est celui des garrigues. C'est ainsi que l'on nomme ces reliefs de calcaire dont la formation est relativement récente. Ils forment une transition ondulée entre le Massif central et la Provence.

C'est là un paysage désolé, à la végétation rare mais non dénué de charme. Suite aux déboisements, la couche de terre mal protégée a été emportée par le vent, le gel ou la pluie, laissant la pierre souvent à nu. Et ce nom de garrigue chante à nos oreilles son appartenance au Midi provençal.

La vision que l'on a d'Uzès lorsque l'on arrive de Nîmes suffit à faire comprendre le charme de cette petite ville, ainsi que le poids de son histoire. « Un profil de tours » est le sien. Les trois tours principales sont toutes médiévales. Mais autour, quelques élégants clochetons, plus élancés, prouvent que sa grandeur a dépassé le seul Moyen Age.

Les monuments, les tours, les églises ou les hôtels, sans oublier le duché, font d'Uzès une ville d'art et d'histoire. Pourtant, une fois encore, l'enchantement qu'elle exerce sur celui qui la découvre vient plus de ses maisons, de tous les trésors que l'on trouve en musardant sans itinéraire précis, plutôt que des constructions officielles.

Ce sont des détails qui risquent le plus de retenir l'œil. Ils sont la preuve du bon goût et du raffinement extrême de cette bourgeoisie aisée qui a tant contribué aux XVIIe et XVIIIe siècles à définir un style d'architecture provençale.

Mais il serait injuste de ne retenir d'Uzès que des éléments disparates alors qu'un autre de ses points forts est l'homogénéité de toutes ces maisons qui se succèdent le long de ruelles tortueuses et dont on ne cherche plus à connaître la date, tant elles sont une même partie d'un ensemble uniforme.

Le jeune Racine qui avait des velléités de théâtre fut éloigné de Paris par sa famille. Il résida quelque temps à Uzès. Il devait s'y préparer à entrer dans les ordres, mais sa correspondance atteste que son esprit était ailleurs, plus encombré de cigales et de garrigues, de patois et de bonne chère que de choses saintes. C'est bien là cette magie, cette fascination qu'exerce la région d'Uzès sur qui s'y arrête et peut-être, est-ce grâce aux vertus de la petite ville (auxquelles Gide attribue également une part de son inspiration) que Racine préféra définitivement la littérature à la théologie.

Pages suivantes : En contemplant le pont du Gard, Jean-Jacques Rousseau disait : « Je restai là plusieurs heures dans ma contemplation ravissante… ». Ce pont est l'ouvrage antique le plus hardi que l'on connaisse. Il permettait aux eaux de la fontaine de l'Eure près d'Uzès de franchir le Gardon pour alimenter Nîmes. Construit au début de l'ère chrétienne, il se compose de trois rangs d'arches, 6 dans le bas, 11 dans le milieu, 35 dans la partie supérieure. Il mesure 49 mètres de hauteur, 275 mètres de longueur. L'arche principale sous laquelle coule le Gardon et où pourrait passer la Maison Carrée de Nîmes, mesure 24,50 mètres d'ouverture. Les pierres sont disposées sans chaux ni ciment et ce monument donne une impression de beauté grandiose en parfaite harmonie avec le merveilleux cadre qui l'entoure.

Nîmes

La particularité de Nîmes tient aussi bien à sa situation géographique qu'à sa topographie. Pointe orientale du Languedoc, elle ouvre sur la Provence rhodanienne sous la tutelle de laquelle elle se place volontiers. La mer n'aura jamais d'incidence sur son développement, bien qu'elle n'en soit éloignée que d'une vingtaine de kilomètres.

Le site, c'est une source d'eaux profondes et fraîches qui descendent du plateau du Vaucluse, mais c'est aussi un ensemble de collines calcaires, couvertes de garrigues et de vignes. Très tôt consciente du privilège dont la nature l'a pourvue, Nîmes cherche à devenir une capitale. La richesse qualitative et quantitative de ses vestiges romains en est la preuve.

Avant d'être romaine, Nîmes fut une importante place forte celte. Sa population avait pour dieu tutélaire le génie de la source Nemausus, qui lui laissa son nom. C'est cependant Rome qui la sacrera capitale. En 121 av. J.-C., elle est rattachée à la province de la Narbonnaise. La colonisation de civils se fait alors par vagues, entraînant une large prospérité pour l'ensemble de la région. Nîmes en recueille les principaux bienfaits. Ce qui vaut à la cité un développement rapide, c'est sa situation de carrefour routier.

Nîmes a, en outre, eu la chance de bénéficier de la faveur des plus grands empereurs tels Auguste, Hadrien, ou Antonin. Ce sont eux qui lui ont donné cette monumentalité que le temps n'a pu effacer complètement. Après sa victoire en Egypte, Octave donna à ses vétérans des terres autour de Nîmes. Le crocodile, symbole de l'Egypte vaincue, apparaît toujours dans les armes de la ville.

Vers 15 av. J.-C., l'empereur fait encercler la cité d'un rempart. Certains vestiges de l'enceinte, toujours en place, permettent de situer très exactement la ville romaine par rapport à l'agglomération actuelle. Les Romains s'étaient établis plus au sud, près des collines et de la source, l'élément vital. L'ordonnancement de la ville antique qui délimitait différents quartiers, s'articulait selon les canaux issus de la source.

Ainsi, le quartier le plus au nord, traversé par la voie domitienne, était dominé par la Maison Carrée, un des éléments du Forum. Ce majestueux temple est aujourd'hui au centre de la Nîmes moderne. Il est le mieux conservé de tous les temples romains encore debout.

On sait aujourd'hui que ce temple était dédié aux petits-fils d'Auguste : Caius et Lucius Cesar, princes de la jeunesse. On doit se l'imaginer entouré de portiques aux colonnes sculptées. Son style est du plus pur hellénisme. La simplicité des lignes est très justement équilibrée par le décor végétal des chapiteaux et de la frise des rosaces.

La destination des édifices du quartier de la Fontaine, par contre, reste bien mystérieuse. La proximité aux pieds de la source de constructions assez diverses ne nous éclaire pas davantage. Qu'il s'agisse de l'énigmatique temple de Diane ou de la tour Magne, qui campe fièrement sur le mont Cavalier, l'archéologie ne peut ici que proposer des hypothèses. Ainsi, il est possible de voir dans l'aménagement de la source en bassins et canaux une influence orientale plus tardive. A moins que ce lieu, du fait des vertus curatives des eaux, n'ait servi de centre de cure.

Plus certaine est la date de la reconstruction des jardins de la Fontaine. C'est le problème de l'alimentation en eau qui rendit au début du XVIIIe siècle son intérêt à ce quartier. Du projet initial et grandiose de l'ingénieur et paysagiste Mareschal, il reste la régularité des parterres à la française, l'étagement des terrasses, les jeux de balustrades et d'escaliers. La parure d'arbres du mont Cavalier ne date que du XIXe siècle. Les pins et les lauriers-tins donnent plus de consistance aux grandes lignes architecturales.

Ainsi, toutes ces formes de décors et d'ornements imposées à une nature inviolée traduisent encore, dans un ensemble incomparable, le goût des jardins du XVIIIe siècle, adapté au milieu local. Ce ne sont qu'alternances de fleurs, d'eau, de verdure et de pierres.

Mais la gloire de Nîmes, c'est son amphithéâtre, frère jumeau de celui d'Arles. De dimensions sensiblement égales, construits tous deux peu avant l'ère chrétienne, ils ne se distinguent que par leur système de voûte. L'amphithéâtre de Nîmes présente près de neuf kilomètres de gradins. Des réparations constantes le maintiennent intact sans que son caractère en soit altéré.

Cet ensemble massif est dénué de toute décoration à l'exception des deux avant-corps de taureaux qui surmontent l'entrée principale. Aujourd'hui encore, l'amphithéâtre sert de cadre prestigieux aux courses de taureaux les plus populaires et les plus réputées.

A l'origine, les spectacles étaient ceux que la générosité des édiles dispensait : combats d'animaux mais surtout exercices d'athlètes et luttes de gladiateurs. Des stèles funéraires ont d'ailleurs été retrouvées. Elles sont actuellement rassemblées au musée archéologique qui mérite un détour pour qui s'intéresse à la vie quotidienne à l'époque gallo-romaine.

Si Nîmes ne fut pas seulement une métropole antique, c'est cependant durant l'occupation romaine qu'elle connut son âge d'or. Après une période d'effacement, la renaissance économique qu'elle connaît au XIIe siècle permet l'ascension d'une classe bourgeoise qui tente politiquement d'accéder à l'autonomie. L'échec est dû à l'intégration de la région au domaine de la couronne, mais la tentative était bien révélatrice de la force de caractère dont peuvent faire preuve les Nîmois.

Nîmes développe alors son industrie textile ; elle apparaît comme une ville laborieuse. Le XVIe siècle représente peut-être la période la plus difficile de son histoire et ce pour la raison qu'elle devient huguenote. Elle concentre les forces protestantes de la région. Il s'ensuit une période de troubles qui ne s'achèvera qu'à la Révolution.

Lorsque l'on s'éloigne de Nîmes et que l'on découvre la verte campagne, on ne peut s'empêcher de penser au dieu Nemausus, le dieu romain de la source. De tout temps, l'eau a été l'élément déterminant de mise en valeur de la région nîmoise. Les immenses

Ci-contre : Nîmes est une ville d'art, autant par ses vestiges romains que par l'ensemble de son patrimoine architectural. De tout temps, l'urbanisme nîmois a su compter avec les espaces verts et le jardin de la Fontaine, situé très près du centre, date du XVIIIᵉ siècle. L'amphithéâtre de Nîmes, construit en pierre de Barutel n'est pas le plus grand que l'on connaisse ; celui d'Arles notamment le dépasse de peu, mais aucun n'est aussi bien conservé. Sa forme est elliptique comme celle de tout amphithéâtre. La façade de l'amphithéâtre est percée de deux rangs de 60 arches qui s'ouvrent sur une première galerie faisant le tour de l'édifice. L'amphithéâtre a pu contenir 22 000 personnes et sans doute davantage. L'entrée principale était au nord ; on la reconnaît aux images de taureaux qui la décorent.

efforts d'irrigation fournis au lendemain de la guerre font de nos jours de cette campagne une riche zone maraîchère et viticole. Par là, Nîmes est devenue un grand centre agro-alimentaire sans oublier sa traditionnelle industrie textile.

Pages suivantes : *Ce monument de style grec est le plus admirable que la civilisation romaine nous ait laissé. Il date du début de l'ère chrétienne. Construit en pierre de Lens, la Maison Carrée mesure à peu près 26,50 mètres de long sur 13,50 mètres de large et 17 mètres de haut.*

C'était un temple dédié à Caius et Julius César, princes de la jeunesse et fils d'Agrippa, gendre d'Auguste. Cette indication est fournie à partir d'inscriptions qui ont disparu, mais que l'on est parvenu à reconstituer par les trous de scellement de leurs lettres de bronze sur le fronton de l'édifice. L'enceinte proprement dite, que l'on nomme la Cella, est bâtie sur un massif de plus de 5 mètres de haut. Jusque vers l'an mille, on ne sait à peu près rien de l'usage de la Maison Carrée. A partir du XIe siècle, ce fut un lieu d'assemblée et le siège de l'administration municipale.

D'Avignon à Arles

En descendant le Rhône entre Avignon et Arles, on longe le petit massif de la montagnette qui se dresse à l'est. Ce groupe de collines d'altitude modeste s'étend entre la Durance et Tarascon. Avant qu'Alphonse Daudet ne la rende célèbre, cette petite ville était connue parce qu'elle était le lieu de résidence de la redoutable Tarasque.

D'après la légende, la Tarasque est ce monstre qui jaillissait régulièrement du Rhône pour tout engouffrer sur son passage. C'est Marthe des Saintes-Maries-de-la-Mer qui apaisa le monstre par un signe de croix. Aujourd'hui encore, des processions ont lieu. La gueule et la queue de la Tarasque sont agitées par des gens qui sont cachés dans le monstre.

Nul n'était besoin de Daudet, ni de son héroïque Tartarin pour faire connaître la ville. La splendeur de son imposant château pouvait largement y suffire. Le bon roi René qui, lorsqu'il n'était pas à Aix séjournait ici, en décida la construction. C'est bien là un des plus beaux châteaux féodaux de France, par sa situation au bord du Rhône, par ses dimensions et surtout par son remarquable état de conservation.

Certains ont dit que depuis des siècles, et au delà du Rhône, le château de Beaucaire « observe » celui de Tarascon. En fait, Beaucaire est la réplique de Tarascon, mais sur la rive opposée. Cet édifice, construit au XIe siècle, a été démantelé par Richelieu, mais il reste d'importants vestiges de son enceinte originelle.

Ce qui a fait la grandeur de Beaucaire, c'est la réputation de ses foires annuelles. De toute l'Europe on s'y rendait, et ce dès le XIIIe siècle. L'affluence était telle, que certains marchands étaient forcés d'exposer leur étalage sur les bateaux stationnés sur le Rhône. Chaque rue de la ville était celle d'un commerce en particulier. On trouvait, par exemple, des savons dans la rue des Marseillais. On imagine fort bien l'animation qui devait régner... sous les yeux de Tarascon jalouse.

Entre le moulin de Daudet, au pied des Alpilles, et Arles, la colline de Montmajour est remarquablement située pour dominer cette zone marécageuse qu'est la plaine d'Arles. L'abbaye de règle bénédictine qui en occupe une partie, a été fondée au Xe siècle. Dans ce superbe site, subsistent des bâtiments du Moyen Age que jouxtent des ruines du XVIIIᵉ siècle. Le cloître, les chapelles ou la crypte valent largement le déplacement.

L'Arles de l'Antiquité ne se présentait pas comme elle se présente de nos jours. Les débordements du Rhône et de la Durance faisaient qu'elle n'était qu'une succession de petites îles. Aujourd'hui, Arles est le port fluvial de la Camargue. Elle doit cette importance à sa situation géographique. Déjà, au IVᵉ siècle avant Jésus-Christ, se faisait jour cette destinée portuaire puisque Arelate (d'are, prés, et lath, marais en ligure) était un comptoir de la République grecque de Marseille.

Nulle part ailleurs qu'à Arles ne peut être mieux pressenti le caractère grandiose de l'urbanisme romain. La disposition actuelle de la ville est celle de la cité antique. On devine parfaitement en se promenant dans Arles le plan de l'Arelas augustéenne.

La ville romaine était formée de deux parties séparées par l'axe du Decumanus. D'un côté, s'étendait le forum avec les « cryptoportiques ». C'était un quadrilatère bordé de galeries voûtées, en partie souterraines, qui servaient de greniers à blé.

Près de ce bâtiment, une cour dallée, terminée par une galerie, présente douze niches. On peut imaginer qu'à l'imitation des modèles helléniques, elles étaient destinées à recevoir les statues des douze grands dieux. Le sanctuaire était orné de reliefs relatifs aux légendes grecques d'Hercule et des Niobides. Certains fragments en ont été retrouvés. A l'est, s'élevait le sanctuaire d'Auguste datant de la prise de possession de la Gaule par Octave.

Mais la grandeur de l'Arles romaine peut être appréhendée plus précisément grâce à l'excellent état de conservation de son théâtre et de son amphithéâtre. La complexité des jeux des « arènes » est telle que son plan est unique en France. Un plancher de bois qui supportait entièrement l'amphithéâtre recouvrait un sous-sol. C'est dans ce sous-sol que se préparaient les spectacles et les jeux de scène... C'est comme si toutes les coulisses étaient souterraines. On accédait au sous-sol par des plans inclinés et par des ascenseurs à contrepoids.

Pour bien se rendre compte de l'importance des arènes, il faut se placer sur la plate-forme de la tour. De là, on domine parfaitement l'ensemble. Des constructions modernes ont été ajoutées à l'amphithéâtre originel pour le transformer en arènes. Des courses de taureaux très réputées s'y déroulent tous les étés. Ce sont les « corridas de muerte » qui attirent toujours un public nombreux.

Le théâtre a encore plus souffert des attaques du temps, et du remploi que l'amphithéâtre. Il a pour ainsi dire servi de carrière pour de nombreux édifices qui se sont construits par la suite. Si les gradins subsistent, il faut faire un effort d'imagination pour reconstituer le mur de scène dont la décoration était très riche. De superbes sculptures, telle la fameuse Vénus d'Arles, ont été retrouvées.

Autres temps, autres joyaux. Le portail de Saint-Trophime ne peut être dissocié de celui de Saint-Gilles. Leurs deux décorations sont essentielles à la connaissance de l'art roman provençal. Elles sont proches et uniques. Toutes deux font penser à des ornements de châsse d'orfèvrerie.

A Saint-Trophime comme à Saint-Gilles des reliques saintes étaient conservées. Les deux sanctuaires étaient placés sur la route des pèlerinages menant à Rome et à Saint-Jacques-de-Compostelle. Nombreux étaient ceux qui venaient vénérer le corps du premier évêque d'Arles, disciple de saint Paul. C'est lui qui avait fait d'Arles la mère des églises de Gaule. Tout cela explique la magnificence du porche de Saint-Trophime.

Il est intéressant de tenir compte du grand nombre des vestiges romains pour examiner cette façade. En effet, le porche se présente plus comme un arc de triomphe que comme un gâble gothique. Les proportions imposantes et la richesse décorative vont en ce sens.

Les personnages entre les colonnes sont d'un hiératisme absolu, peut-être parce qu'ils sont sculptés en bas-relief et non pas en ronde bosse. Ce sont bien là les données du style roman en Provence, un art très marqué par l'antiquité. Mais c'est le cloître qui est le plus célèbre. Il a été construit au XIIe siècle et certaines parties ont été rajoutées au XIVe. La décoration sculptée est là aussi très importante. Tous les chapiteaux sont ornés de feuillages ou de scènes de l'Ancien Testament. Les piliers sont des personnages qui ont la même allure que ceux du portail. Au cloître comme au portail, l'iconographie est en rapport avec les origines apostoliques de l'église d'Arles.

Que l'Arlésienne ait inspiré Bizet, Van Gogh ou Daudet se comprend très bien pour qui visite Arles, même si les costumes traditionnels des habitantes se font rares. Outre son patrimoine architectural, Arles est riche des traditions qu'elle a su conserver et les spectacles de ses arènes attirent un public toujours aussi nombreux.

Cette curieuse façade à l'apparence de bois prouve qu'au-delà de ses vestiges romains et de ses édifices romans, Arles possède des trésors plus cachés. Il faut se promener longtemps dans Arles pour s'assurer d'en voir toutes les richesses. Ici, l'austérité de la façade et des volets de bois est curieusement animée par l'opulente niche qui abrite une Vierge. Les fenêtres sont surmontées d'un discret fronton.

Page précédente : *L'amphi-théâtre mesure 136 mètres sur son grand axe et 107 mètres sur son petit axe. Immense ovale de 34 rangées de gradins, il peut encore contenir près de 12 000 spectateurs. La piste est entourée d'un haut mur et les jeux se déroulaient sur un plancher surélevé. Au Moyen Age, les Arlésiens se fortifièrent dans les arènes en cons-truisant des tours et en murant les arcades. De nos jours, corridas et courses à la cocarde attirent une foule bigarrée, donnant à ce monu-ment toute sa splendeur.*

Ci-dessus : *Tarascon, la patrie de Tartarin, a la chance de conser-ver en parfait état son château féodal. Plus précisément, c'est au roi René que l'on doit ce bâtiment. Le château est une sorte de cube magistralement posé en bordure du Rhône. Du côté du fleuve, deux tours carrées flanquées aux angles répondent à deux tours rondes du côté des terres. Le passage du Rhône, ainsi, était bien surveillé. La seule décoration de la forteresse consiste dans la bordure des cré-neaux. Les ouvertures sont très res-treintes, et l'on ne voit pas comment il était possible de tenter de prendre d'assaut une masse aussi compacte. Ces châteaux forts de Provence com-mandaient toujours une route ou une rivière.*

Ci-contre (haut) : *Au XIIe siècle, la ville d'Arles est adminis-trée par deux pouvoirs, l'archevêque et les consuls. L'une des routes principales des trois pélerinages ma-jeurs Jérusalem, Rome, Compos-telle, passe par la cité. C'est la république d'Arles qui, de 1150 à 1200, connut une remarquable pros-périté. La région se couvrit d'églises romanes. En 1178, l'empereur Fré-déric Barberousse est couronné roi d'Arles dans la cathédrale Saint-Trophime terminée.*

Le porche de Saint-Trophime, par l'hiératisme de ses personnages, est caractéristique du style roman provençal. Il doit être rapproché de celui de Saint-Gilles-du-Gard. Cet hiératisme dû à la sculpture, non pas en ronde bosse, mais en méplat, est héritier des sarcophages antiques dont il s'inspire.

Ci-contre (bas) : *Le costume continue à être porté dans de nom-breuses circonstances de la vie arlé-sienne. Support de la fête, il corres-*

pond à un désir de différenciation toujours ressenti. Porté couramment jusqu'à la guerre de 1914-1918, il a été repris par la suite à l'occasion des fêtes par des femmes décidées à œuvrer pour sa sauvegarde. Les fêtes traditionnelles ont chaque année un caractère exceptionnel. Ce sont de véritables fêtes du folklore et des traditions auxquelles est convié l'arlésien ou le visiteur. Certaines de ces fêtes, parmi les plus marquantes, ont lieu au début de l'été : les feux de la Saint-Jean sur la place de la République, la « pégoulado » provençale qui est un immense défilé folklorique nocturne aux flambeaux, la fête du costume de Provence, défilé et spectacle donnés par les groupes folkloriques de la région au théâtre antique.

La Camargue

Entre les bras du Rhône, nous pénétrons dans un royaume étrange, fermé, et comme hors du temps : la Camargue. Mistral l'évoqua avec beaucoup de bonheur, Daudet, Bosco, ou Giono s'en sont fait les chantres, et pourtant, il est en elle un mystère qu'aucun mot ne peut nous transmettre.

L'étrangeté de sa beauté se laisse appréhender au contact des longues étendues d'eau, de sel et de sable, animées d'un relief à peine ondulé. Mais, par-delà le silence et l'immobilité, on découvre un petit monde animé des plus anciennes traditions, un microcosme inviolé qui doit se battre pour survivre.

La Camargue s'étend sur 56 000 hectares. Cette immense plaine marécageuse s'est patiemment constituée des alluvions charriées par le Rhône et la Durance. Chaque année, le Rhône déverse dans la Méditerranée plus de vingt millions de mètres cubes de limon. Aucun point du delta ne dépasse 4,5 mètres au-dessus du niveau de la mer !

Il n'est donc pas étonnant que le cours du Rhône ait changé de lit si souvent. La lutte entre l'eau et la terre modifia lentement la configuration de l'embouchure. Des étangs devinrent des déserts et réciproquement.

Ainsi Saintes-Maries-de-la-Mer n'eut pas toujours les pieds dans l'eau : on sait qu'au Moyen Age, la petite ville était à plusieurs kilomètres de la mer. A l'inverse, la tour Saint-Louis construite à l'embouchure du Rhône est aujourd'hui éloignée d'une dizaine de kilomètres de cette embouchure.

D'un côté, l'énorme apport de limon fait progresser la terre ; de l'autre, le rivage s'affaisse sous le poids des sédiments et recule devant la Méditerranée.

Mais en fait, depuis le XVIIIᵉ siècle les contours du delta sont fixés. La Camargue est désormais limitée par le Petit-Rhône à l'ouest et par le Grand-Rhône à l'est, formant ainsi un triangle dont les sommets sont Saintes-Maries-de-la-Mer, Port-Saint-Louis et Arles. On a l'habitude d'englober dans cette terre camarguaise la petite Camargue à l'ouest autour de la plaine d'Aigues-Mortes.

Le climat camarguais est spécifiquement méditerranéen, c'est-à-dire que les étés sont secs et très chauds, alors que les hivers sont doux lorsque le mistral ne souffle pas. Le très grand ensoleillement et la rareté des précipitations font de cette étendue salée une zone relativement privilégiée. Paradoxalement, peut-être à cause des contrastes du climat, la Camargue offre une surprenante diversité de paysages.

Alors que la Haute-Camargue a été maîtrisée par la main de l'homme, la Camargue méridionale apparaît comme beaucoup plus sauvage. Au nord, l'assèchement des marais pour la culture irriguée, au sud la patrie des gardians, le désert craquelé appelé « sansouire » (la sansouire est le nom donné aux surfaces argileuses de très forte densité saline). Ainsi, il convient de distinguer trois Camargue malgré une relative unité géographique et climatique : la petite Camargue, la haute Camargue et la sansouire ou les salins.

Porte de la Camargue, Saint-Gilles-du-Gard est une ravissante petite ville cernée de rizières, de vergers et de marais. Elle offre un dédale de vieilles rues en pente mais ce qui fait sa renommée, c'est la façade de son ancienne église abbatiale, digne rivale de celle de Saint-Trophime d'Arles.

La légende de l'ermite à la biche nous relate les circonstances de la fondation de l'abbatiale. Au VIIIe siècle saint Gilles, exilé de Grèce, arrive au gré des flots en Provence. Là, il vit en ermite dans une grotte, et c'est une biche qui lui apporte sa nourriture. Un jour, poursuivie par un seigneur, la biche est sauvée par l'ermite qui arrête la flèche au vol. Le seigneur pour honorer l'auteur du miracle décide de fonder en cet endroit une abbaye.

C'est devant le portail de Saint-Gilles que, en 1209, Raimond VI jura fidélité au pape Innocent III. Cette soumission ne dura pas et ainsi commença la croisade en Albigeois, opposant Raimond VI, l'infidèle, à Simon de Montfort. La façade du XIIe siècle est un ensemble des plus remarquables de la sculpture provençale influencée par l'art antique. En particulier, la grande frise, qui couronne les trois portails, est magnifique. Elle illustre de manière très anecdotique les épisodes de la semaine sainte.

Pénétrons maintenant dans ce triangle sacré de la Camargue, et contemplons du haut de la Tour-Carbonnière, la petite Camargue à l'est, les contreforts des Cévennes au nord-ouest, la ville d'Aigues-Mortes et les salins au sud. Cet avant-poste de la ville fortifiée est l'une de ces nombreuses tours de défense du XIIIe siècle dont se hérissa la terre camarguaise dans les siècles qui suivirent les invasions barbares.

Aigues-Mortes (qui voulait dire à l'origine les eaux mortes) est une saisissante évocation du Moyen Age. En effet, c'est la ville de saint Louis. Le roi projetant une croisade en Palestine fut obligé d'acquérir des terres pour établir un port d'embarquement.

Ainsi naquit Aigues-Mortes, ancien port, victime de l'ensablement du rivage. Franchissons le grand quadrilatère des remparts avec ses courtines surmontées de chemins de ronde, ses grosses tours aux formes variées. Nous découvrons des rues rectilignes se croisant à angle droit, témoignage de la construction rapide de cette ville nécessaire.

Cité-forteresse au lourd passé, Aigues-Mortes se dresse aujourd'hui isolée au milieu des lagunes. Chateaubriand ne fut pas insensible à sa noblesse : « Un vaisseau de haut bord échoué sur le sable où l'ont laissé saint Louis, le temps et la mer. » Peut-on trouver plus juste description ?

Au sud, par-delà les étangs, s'étire le rivage avec la station balnéaire du Grau-du-Roi qui a su conserver le caractère original de son port de pêche. Près de ce cadre traditionnel, le nouvel ensemble de Port-Camargue peut sembler discordant.

Depuis le XIIe siècle, le domaine de l'homme, c'est la Haute-Camargue. En effet, l'homme a pu s'installer dans le nord et en bordure des anciens rivages du Rhône, ces bancs de sable faisant digue. Imprégnées de sel, gorgées d'eau, ces terres exigent des cultivateurs une lutte continuelle contre ces deux éléments. A force de travail, les sols ont pu être asséchés, dessalés puis irrigués par les eaux du Rhône.

L'économie de la Camargue était initialement basée sur le sel. Mais l'essor de la riziculture, fulgurant, a totalement renouvelé cette économie. La production de riz de la région suffit aujourd'hui à la consommation nationale. La population n'est plus assez nombreuse, et l'on a recours à une main-d'œuvre espagnole qui se voit elle-même concurrencée par la mécanisation.

Il apparaît bien que s'il s'est implanté sur cette terre peu clémente, l'homme n'a pu la transformer qu'en partie. L'impression générale est bien que partout la nature domine et le charme de la Camargue tient plus à ses paysages, à sa flore ou à sa faune qu'aux empreintes qu'a pu laisser l'occupation humaine.

Entrons donc dans cette Camargue mythique des manades et des gardians. Mistral écrivait : « Ni arbre, ni ombre, ni âme. » Plus on s'approche de la mer et plus les éléments fusionnent. L'eau et la terre se mêlent en une majestueuse harmonie de demi-teintes. Cette zone d'étangs et de marais contraste avec l'infini de la sansouire.

La plus belle de ces nappes souterraines est certainement l'étang de Vaccarès. Il est bordé de vastes champs de roseaux qui servent à recouvrir les maisons des gardians. Les tamaris peuvent atteindre jusqu'à huit mètres de hauteur. Des plantes halophiles (friandes de sel) s'y déploient et constituent le pâturage essentiel des taureaux. Ce sont les saladelles et les salicornes, vertes, grises ou rouges selon la saison.

Au sud de l'étang de Vaccarès, dans les îlots des Riéges, la végétation est luxuriante et variée : lentisques, faux oliviers ou romarins sauvages forment de denses fourrés. La perle rare de ces bois inaccessibles aux touristes, c'est le « genévrier de Phénicie » dont certains plants sont vieux de plusieurs siècles. Des tapis de chardons bleus couvrent le sable.

Encore plus au sud, au pied de la « digue à la mer » qui relie Saintes-Maries-de-la-Mer à Salin-de-Giraud, s'étend toute une zone de boue et de sel. Cette basse Camargue avance de 15 mètres par an à la pointe de l'Espiguette.

Paradis des taureaux, la Camargue possède des bovins depuis fort longtemps. On pense qu'à l'origine, était adoré le dieu iranien Mithra auquel on sacrifiait des taureaux, incarnation de la vie sauvage. Le taureau de race camarguaise est petit ; il a une robe noire ou brun foncé, et une tête assez fine en forme de lyre.

Au XVIe siècle, l'évêque de Senez évaluait à 16 000 têtes le cheptel camarguais. En 1900, il n'en restait que 2 500. Aujourd'hui, coexistent deux sortes d'élevage. L'un s'attache à conserver les caractères typiques de la race locale alors que l'autre s'est orienté vers le croisement avec la race espagnole. On dénombre à présent près de 6 000 taureaux sur un territoire qui se réduit devant la progression de la riziculture.

Solitaire ou en manade (troupeau), « lou biou » comme il est appelé ici porte sur sa croupe le nom et le blason de son manadier. L'opération de marquage se fait au cours de la fête de la ferrade au rituel complexe. Il existe actuellement une cinquantaine de manades.

L'engouement pour les jeux taurins exige que l'élevage soit intensifié. Tout au long de l'été se succèdent des courses à la cocarde, des corridas ou des jeux de gardians.

Car si le taureau domine cet univers de lumière et de vent, son gardien le « gardian » a pris des dimensions légendaires. Autrefois les gardians étaient coiffés de feutres à larges bords et vêtus de pantalons en peau de taupe évasés à partir du genou sans oublier le foulard noué autour du cou. Ce qui distingue le gardian du cow-boy américain auquel il s'apparente, c'est que le Camarguais est porteur d'un trident.

De nos jours chevaux et taureaux vivent ensemble et parcourent les terres à leur gré. Mais ils demeurent sous le contrôle du gardian qui les surveille, les soigne et choisit ceux destinés aux courses. A l'automne, les taureaux transhument vers les pâturages plus hospitaliers de la Petite-Camargue.

Le métier de gardian s'apparente à une religion, et ce depuis les temps les plus reculés puisque c'est en 1512 que fut créée à Arles leur confrérie avec pour patron saint Georges. La vie du gardian est réglée par celle des bêtes dont il a la charge. Il vit dans une modeste cabane en forme de barque, aux murs de torchis, à la façade en pierre, ornée d'une croix destinée à éloigner les mauvais esprits. Il ne reste aujourd'hui que très peu d'authentiques maisons de gardian ; beaucoup ont été construites récemment.

Le cheval fait également partie intégrante du folklore camarguais. Il ne fait pas l'objet d'un véritable élevage comme le taureau et pourtant sa race est très ancienne. Petit, il est surtout remarquable par sa rusticité, sa souplesse et son impressionnante endurance. C'est l'auxiliaire indispensable du gardian. Là, comme au Far West, l'homme et sa monture sont indissociables.

La population est aujourd'hui rassemblée en de petites villes comme les Saintes-Maries-de-la-Mer qui apparaît comme la capitale de la Camargue gardiane et fervente.

Les Saintes, ce sont Marie-Jacobé, sœur de la Vierge et Marie-Salomé, sœur des apôtres Jacques et Jean. Au lendemain de la mort du Christ, elles abordèrent sur cette côte, venues de Judée sur une barque sans voile et sans rame. Elles restèrent en Camargue où elles moururent. Leurs ossements furent placés dans des châsses qui sont aujourd'hui conservées dans une vieille église fortifiée, qui apparaît elle-même comme une immense châsse dorée, ayant pour seul ornement son couronnement de créneaux.

Le tombeau des Saintes devint rapidement l'objet d'un culte. Parmi les pèlerins se trouvent des nomades : les Gitans et les Tziganes. Durant la nuit du 24 au 25 mai, les Gitans, depuis le XVe siècle, viennent prier devant les châsses, déposant toutes sortes d'ex-voto ; ce rite a été supprimé par la suite, mais les objets déposés décorent toujours l'église.

Aujourd'hui deux pèlerinages ont encore lieu ; les Camarguais apparaissent comme soucieux de garder leurs traditions. Le 24 mai et le 22 octobre, en l'honneur des fêtes des Saintes, les châsses sont descendues de la chapelle haute, puis un lent défilé se dirige vers la mer où l'on pratique l'immersion des statues. Ces pèlerinages n'ont rien perdu de leur authenticité. Des Arlésiennes et des gardians achèvent de donner un caractère foncièrement local à ces cérémonies.

Ces processions sont, bien sûr, l'occasion de toutes sortes de fêtes et jeux taurins qui font la richesse du folklore camarguais. Pendant plusieurs jours les Saintes-Maries-de-la-Mer vivent dans la liesse.

On ne peut terminer le tour d'horizon de ce paradis de la nature sans évoquer les efforts qui ont été faits pour le préserver de la civilisation. Pour maintenir l'équilibre écologique menacé par le tourisme et l'extension des terres cultivées, la « réserve naturelle du Vaccarès » a dû être créée. C'est une réserve à la fois botanique et zoologique. Plus que les animaux à poil, ce sont les oiseaux qui ont fait de cette terre un de leurs lieux de prédilection.

Au mois de novembre, la cérémonie de bénédiction des chevaux en Camargue donne lieu à une grande fête. Aux Saintes-Maries-de-la-Mer, les gardians sur leurs chevaux se déplacent en bande. Le costume traditionnel du gardian comprend une veste de velours, un gilet de soie, un pantalon en peau de taupe, sans oublier le valergue, ce chapeau à larges bords qui peut faire penser à un chapeau de cow-boy. Mais le gardian, plus raffiné que ce dernier parachève sa tenue par une lavallière ou un foulard. Durant les cérémonies, il se doit de maintenir son trident bien droit, ou, comme ici, un drapeau orné de la fameuse croix des gardians.

A cet univers à part, où la nature est reine, souhaitons que la Camargue réussisse à conserver son originalité, à préserver ce qu'elle a de plus cher, ses paysages d'exception et sa longue tradition de liberté qui en font une des régions les plus attachantes de la Provence. En effet, à ses portes, se dressent les plus vivants témoignages du monde contemporain : à l'est, le complexe industriel de Fos, à l'ouest, le complexe touristique de la côte du Languedoc-Roussillon.

Ci-contre : *Le roi incontesté de la Camargue, c'est le taureau ou « lou biou » comme on l'appelle ici. Il se déplace seul ou en troupeau, c'est-à-dire en manade. La manade est le troupeau propre à un mas ou à un propriétaire qui lui imprime sa marque lors de la « ferrade ». Le taureau de Camargue est le noble descendant du bœuf des temps préhistoriques. Des croisements successifs lui ont donné cette robe couleur ébène, et ces cornes en forme de lyre. Relativement trapu, mais également*

très agile, il convient parfaitement aux jeux et aux courses que l'on pratique dans la région. Il fournit en outre une excellente viande. Son élevage est de plus en plus réduit, du fait de l'extension de la riziculture et de la réduction des terres de bonne pâture.

Ci-dessus : *Dans ce paysage d'un autre monde, il nous est permis de rêver avec Valère-Bernard qui l'a si bien chanté : « Un pays plat, une terre noire et fiévreuse, avec des roseaux et des touffes de salicorne, des touffes de salicornes et des roseaux jusqu'à l'horizon. A l'horizon, l'éternel mirage du pays se mirant aux marais. Et sur tout cela, un soleil de braise, desséchant, qui fait tomber comme une haleine de fièvre à la pointe des hautes herbes... »*

Ci-contre : *Le rose, ce serait la couleur qui manquerait à la Camargue si les flamants venaient à ne plus en occuper les marécages. Ils font encore partie intégrante du paysage. Cette région est unique en Europe. Un tiers de la communauté des flamants hiverne en Camargue ; les autres préfèrent migrer pour des climats plus cléments. C'est le seul endroit où les flamants se reproduisent régulièrement. La présence de ces oiseaux migrateurs est cependant* menacée par la construction d'aéroports de l'autre côté du Rhône car le bruit des moteurs d'avion les fait fuir. La réserve de Vaccarès a beau être la plus étendue de France, il faudrait encore l'agrandir pour le confort des flamants.*

Ci-dessus : *La véritable Camargue est celle des taureaux et des gardians mais aussi celle de leurs indispensables compagnons, les chevaux sauvages. Le cheval blanc doit* sans doute quelque chose à ses ancêtres arabes mais il n'est pas indispensable de le rappeler aux habitants de la région. Le cheval des marais a pour les Camarguais une origine mythologique puisque c'est à lui qu'était attelé le char divin de Neptune. Toujours est-il que ce cheval blanc de la Camargue, ce Crin-Blanc, se caractérise par sa taille relativement trapue et son ventre assez lourd, mais aussi par une superbe crinière.*

Les Alpilles

Les Alpilles sont un petit paradis de Provence très caractérisé. Rien, si ce n'est le climat, ne permet de comparer cette région avec ses voisines, le Lubéron, la Camargue, les plaines du comtat Venaissin ou le pays d'Aix. Ce massif calcaire, prolongement des monts du Lubéron, est bordé à l'ouest par le Rhône. Situé entre les Alpes et Avignon, c'est bien au cœur de la Provence rhodanienne qu'il se dresse.

Peut-être à cause de la blancheur de la pierre et de la clarté du ciel, c'est plus à un paysage grec qu'à un paysage alpin qu'on peut penser. Les crêtes sont découpées et culminent entre trois cents et quatre cents mètres. Ce n'est pas un hasard si Daudet fait s'entraîner Tartarin dans ces montagnes qui jouxtent Tarascon. Tartarin part pour la Montagnette sous un harnachement de chasseur de casquettes, avec ses lunettes bleues, ses crampons et son piolet !

La végétation même évoque la Grèce : on trouve là des oliviers, des amandiers et des cyprès. Mais pour l'essentiel, ce sont des maquis et des broussailles qui recouvrent la pierre, parfois à vif.

On peut distinguer deux parties dans l'ensemble du massif : les Alpilles des Baux à l'ouest et les Alpilles d'Eygalières à l'est. Comme la plupart des montagnes qui terminent les Alpes, comme les Baronnies, comme le Ventoux ou le Lubéron, l'épine dorsale des Alpilles est orientée est-ouest. Mais il est possible de traverser le massif du nord au sud, et ce, particulièrement dans la région des Baux.

L'axe Saint-Rémy-de-Provence les Baux présente l'avantage de desservir le monastère de Saint-Paul-de-Mausole, les ruines des Antiques et le site de Glanum. Le petit lac de Saint-Rémy n'est pas loin non plus. Ce sont les habitants de Glanum, qui, une fois leur ville détruite par les envahisseurs, édifièrent une nouvelle cité, Saint-Rémy-de-Provence. Ce qui est le plus spectaculaire sur le plateau des Antiques au pied des Alpilles, c'est le mausolée. C'est à la fois le plus décoré et le mieux conservé de tous les mausolées du monde romain.

Les points de vue dans les Alpilles sont multiples, mais le panorama qui s'offre à la Caume (387 mètres) permet de découvrir tout à la fois la plaine de la Crau et la Camargue, la plaine rhodanienne dans son ensemble et le Ventoux.

Déjà, cette première approche des Alpilles ne peut qu'enchanter. Et pourtant elle ne constitue qu'un avant-goût de ce qui est sans conteste la perle de la région, et sans doute la perle de la Provence : les Baux-de-Provence. Cette primauté est-elle due au site exceptionnel ou au si présent poids de l'histoire ? Certainement à la juxtaposition des deux.

Le rocher domine par son altitude, autant que par un pouvoir d'évocation remarquable. Les Baux sont avant tout, et ce malgré une architecture raffinée, un promontoire féodal et guerrier. La verticalité du site n'est pas sans rapport avec la supériorité militaire et politique de la très puissante famille régnante. En moins d'un siècle (mais à quel prix !), la maison des Baux va s'imposer et devenir l'une des plus redoutées de toute la Provence. Au centre, trône cette citadelle, fièrement campée sur un éperon dénudé.

La ville des Baux ne possède pas moins de trois ceintures défensives. La première est constituée par l'enceinte de la ville à proprement parler. La seconde devait protéger le château. La troisième, c'est le château lui-même. Pour clore le tout, ces murailles étaient piégées.

Mais la « race d'aiglons, jamais vassale » comme l'a décrite Mistral savait aussi jouir des plaisirs de la poésie et précisément, la cour attira de nombreux troubadours. Le thème principal de leur art était l'amour courtois. Peut-être est-ce leur présence qui contribua à rendre les « cours d'amour » des Baux célèbres. C'est là que se réglaient les conflits de galanterie. On ne peut en visitant les Baux s'empêcher d'imaginer la vie de ces seigneurs de la guerre. A notre insu, ces pierres suggèrent toute une image d'un monde redoutable voire sanguinaire.

Un des personnages notoires, parce que très aimé, est la reine Jeanne. Bien que la Provence en ait gardé le souvenir d'une reine belle et bonne, la reine Jeanne sert souvent de référence aux femmes de mœurs légères de Naples. Trois fois veuve, elle mourut étouffée par un cousin jaloux. Beaucoup moins sympathique, le tristement célèbre Raimond de Turenne fut surnommé « le fléau de Provence » de par les atrocités auxquelles il se livra. Il avait la désagréable habitude de toujours ricaner, surtout lorsqu'il obligeait ses prisonniers à se précipiter dans le vide, depuis les hauteurs des rochers.

Après la destruction du château par Louis XIII, les Baux furent encore érigés en marquisat pour la famille des Grimaldi de Monaco. Mais, depuis bien longtemps déjà, s'était amorcé le déclin de la ville. Le Moyen Age, s'il marque l'apogée de la puissance de la famille, n'est pas la seule époque à avoir imprimé sa marque à la citadelle. L'art de la Renaissance est également ici fort bien représenté.

Ce sont bien dix siècles de tribulations qui font du village des Baux un remarquable témoin du passé provençal. Si la trace des guerriers les plus belliqueux ou des personnalités les plus tapageuses est aujourd'hui effacée, ceux-ci n'en continuent pas moins de hanter ces pierres, et c'est le poids de cette ambiance d'un autre temps qui confère aux Baux un prestige inoubliable.

Au sud-ouest des Baux, dans la direction d'Arles s'impose pour les amateurs d'Alphonse Daudet l'agréable promenade au moulin, le long des pins parasols. A défaut d'avoir été celui de Daudet, ce moulin en parfait état pourrait très bien dans notre imagination être celui de maître Cornille.

A l'est des Baux s'étendent des Alpilles qui comptent de pittoresques villages. Si l'on dit de celui d'Eygalières qu'il est le cœur des Alpilles, c'est sans doute à cause de la vue merveilleuse qu'il offre au regard, à moins que ce ne soit à cause des rues tortueuses qui mènent aux ruines de son château. Comme dans beaucoup d'autres cas, l'essor de cet endroit fut précoce, du fait que les eaux de source captées par les Romains alimentaient la ville d'Arles.

Près d'Eygalières, le Mas-de-la-Brune illustre parfaitement le style élégant des maisons de campagne qui fleurirent à la Renaissance. Un autre très beau panorama sur les Alpilles s'apprécie du site de Saint-Sixte. Cette chapelle du XIIᵉ siècle est d'une simplicité extrême. Par ses toits de tuile elle paraît très plate. Ce sont les cyprès qui encadrent son porche qui en donnent l'élément vertical.

Pages suivantes : Outre les ruines du château, les Baux possèdent une charmante église. Peut-être est-ce parce que la famille des Baux se prétendait descendante du roi mage Balthazar que les fêtes de Noël célébrées à Saint-Vincent gardent leur particularité. La messe de minuit se déroule selon la liturgie ancienne, les bergers formant une procession et faisant l'offrande d'un agneau. A cause de sa très illustre origine, l'emblème de la famille était une étoile à seize branches. Mistral, dans le Calendal, fait prononcer ces paroles à la fée : « Cette étoile à seize raies (celle de la nativité) ce sont les armes coutumières des princes des Baux, la première par son antique nom et par sa splendeur, des grandes familles provençales, race d'aiglons, jamais vassale, qui de la pointe de ses ailes a effleuré le sommet de toutes les hauteurs ».

Ci-dessus : La porte d'Ey-
guières était jadis le seul accès
possible pour qui désirait pénétrer
dans la ville fortifiée. Elle était
donc particulièrement bien défendue.
L'escalier mène au chemin de ronde
des remparts. La forteresse se présente toujours comme le résultat de
ses servitudes guerrières auxquelles
elle dut se plier pour maintenir sa
supériorité militaire. Elle est défendue par trois rangées de fortifications : l'enceinte de la ville que l'on
aperçoit ici, une seconde enceinte à
la hauteur des tours, et le château
lui-même.

Ci-contre : Le Val-d'Enfer est constitué par la partie supérieure du vallon de la Fontaine. Au fond d'une gorge s'ouvre la grotte des Fées, baptisée par Mistral « Trau di Fado ». Ce couloir servit de carrière de phosphate de chaux. Les grottes du Val-d'Enfer ont été utilisées comme refuge et habitation. Près de là, certaines carrières sont encore exploitées.

Ce n'est peut-être pas dans ce moulin de Fontvieille qu'Alphonse Daudet, qui a donné à plus d'un l'envie de découvrir la Provence, a conçu ses fameuses lettres. Néanmoins, ce moulin est appelé le Moulin de Daudet, parce que l'écrivain était habitué à fréquenter Fontvieille. Quoi qu'il en soit, le moulin aurait très bien pu être celui de Maître Cornille. La publication de l'Arlésienne, que Bizet sera chargé de mettre en musique, aura pour conséquence de brouiller Daudet avec l'autre grand écrivain de la région, Mistral. Ce dernier reprochait en effet à l'auteur de l'Arlésienne de s'être inspiré d'une histoire vraie, celle du propre neveu de Mistral qui s'était suicidé par amour.

La vision que l'on a des Baux, ce village fantôme, est comme irréelle et elle nous transporte dans un autre temps, tellement le pouvoir d'évocation de cette forteresse est grand. Le site est militaire par excellence. C'est en haut de cet éperon rocheux que la maison des Baux décida de s'installer, et elle ne pouvait trouver endroit plus stratégique pour dominer, au sens fort du terme, les quatre-vingts bourgades auxquelles elle avait su s'imposer. Les Baux sont aujourd'hui un amas de ruines et de roches qui surplombent la plaine. La citadelle n'est plus qu'une ville morte, et les maisons de pierre semblent devoir retourner à la pierre.

Aix-en-Provence

Vieille ville, mais surtout pas ville vieillie, Aix sait merveilleusement par son présent faire vivre son passé. « La plus jolie ville de France après Paris », comme la caractérisait le président de Brosses, ne se visite pas ; on s'y promène, et c'est là tout son charme. Aucune ville peut-être ne donne une telle impression qu'il y fait bon vivre.

Depuis les coteaux d'Entremont jusqu'à la vallée de l'Arc, Aix, de terrasse en terrasse, protégée du mistral, s'étale au soleil. La vieille ville descend du nord au sud. Les fronts des maisons adossées aux remparts, s'alignent de manière concentrique autour de deux points : la cathédrale et la tour communale.

Si, depuis la Révolution, elle n'est plus qu'une sous-préfecture, cette ancienne capitale a conservé plusieurs titres de noblesse : une cour d'appel, qui a succédé au Parlement de 1501, une université qui a remplacé le studium créé en 1413, un archiépiscopat qui garde cette dignité depuis le IVe siècle.

Avec ses somptueux hôtels construits pour les conseillers du Parlement, la ville garde en dépit des siècles ou peut-être à cause d'eux, un air de réelle aristocratie. Ce fut et c'est toujours une ville de grande robe.

Avant d'être réputée pour son humanisme et ses humanités, la région aixoise a été la patrie d'élection des grands troubadours. Bien avant Darius Milhaud ou Paul Cézanne, il y eut Bernard de Ventadour, Rambaud de Vacqueyras ou Jauffret Rudel. Glorieux passé ! Plus tard, beaucoup de peintres se sont installés dans les environs : Picasso, Masson ou Bernard Buffet. Glorieux présent !

Aix demeure ainsi, avec « son passé si présent » dans les rues et dans les monuments, avec son charme de ville au cœur d'une province admirable, un lieu où il fait bon vivre. Mais quel est donc ce prestigieux passé qui la rend si attachante ?

Au IIe siècle av. J.-C., c'est Entremont qui est la capitale des Celtes et des Ligures. Les Ligures étaient présents dans la région méditerranéenne bien avant l'invasion celte. Les deux populations ont fini par se mêler. On parle alors de civilisation celto-ligure. En 123, l'oppidum d'Entremont est assiégé, pris et démantelé par les Romains. A ses pieds, le proconsul Caïus Sextius Calvinus fonde sur un replat abondamment pourvu d'eaux chaudes et froides, le poste militaire d'Aquae Sextiae.

Ce nom qui fait allusion à la fois à la diversité des eaux et au fondateur, sera par la suite abrégé. Mais d'ores et déjà, Aix est née. Vers 15 av. J.-C., la petite ville élevée au rang de colonie connaît un développement urbain et thermal tel que ses bains sont réputés.

Jusqu'au IVe siècle, métropole à part entière, elle jouit d'une grande prospérité. Ensuite, et ce jusqu'au XIIe siècle, elle est supplantée par Arles. En 1189, elle devient la résidence des comtes souverains de Provence, qui y tiennent une cour raffinée et lettrée.

La tradition aixoise fait hommage au bon roi René, comte de Provence, duc d'Anjou et roi de Sicile, qui régna au XVe siècle. D'une érudition surprenante, ce sympathique personnage, toujours populaire, apparaît comme un des esprits les plus complets de son temps. C'est lui qui introduisit, entre autres, la culture du muscat dans la région, et il est parfois représenté une grappe de raisins à la main.

Réunie définitivement à la France en 1486, la Provence n'en conserve pas moins une large part d'autonomie. Et Aix, métropole archidiocésaine, siège du Parlement ou centre universitaire, en est un pôle attractif déterminant. Menons notre promenade chronologiquement, puisqu'il est vrai que l'on ne visite pas Aix, mais que l'on s'y promène.

De la station thermale romaine, il ne reste en place qu'une baignoire de marbre et une stèle votive dédiée au dieu des eaux chaudes. Cela nous rappelle que les eaux, prétexte à la fondation de la cité, ont eu une large notoriété, et ce dès l'époque romaine. Le Moyen Age ne les oublia pas. Les thermes continuaient à fonctionner. Au XVIIe siècle, sous la pression des médecins, indignés qu'une telle richesse soit si mal exploitée, la ville rachète les bains. Enfin, en 1913, Aix fut classée station thermale. Les eaux à 34 degrés sont aujourd'hui utilisées pour le traitement des troubles de la circulation.

C'est le quartier du bourg Saint-Sauveur qui constitue le noyau le plus ancien d'Aix. Les rues qui avoisinent la cathédrale, le cloître ou l'archevêché ont gardé leur caractère moyenâgeux. En Provence, les vieilles villes médiévales sont très différentes de celles du Nord. Ici les rues sont austères, les ouvertures sont rares et les portes très lourdes.

« Saint-Sauveur, cathédrale laide et irrégulière ». La vue que l'on en a de la place de l'Université ne justifie nullement ce sévère jugement du président de Brosses. Il faut prendre en compte l'histoire architecturale de la ville, qui a toujours évité de détruire ce qui avait précédé.

Aix n'est que remploi et juxtaposition d'édifices de différentes époques. Cette précoce et louable conscience de la valeur du patrimoine est parfaitement lisible dans la cathédrale. Du Ve au XVIe siècle, toutes les époques, tous les styles sont représentés. Cathédrale composite, certes. Par là, elle est tout à fait digne de notre intérêt sinon de notre goût.

Il n'en est pas de même du petit cloître qui la jouxte. L'harmonie et la simplicité romanes y sont parfaites. Ce cloître nous rappelle à maints égards celui de Saint-Trophime d'Arles. Il faut porter une attention particulière aux chapiteaux, malgré leur état de délabrement.

Très clairement, la vieille ville est séparée des quartiers des XVIIe et XVIIIe siècles par le célèbre cours Mirabeau, élégante transition géographique et historique. C'est en 1651 qu'est décidée la démolition du rempart du Midi, pour permettre l'établissement d'un cours de carrosses, destiné à améliorer la circulation.

Le cours Mirabeau est aujourd'hui bien plus qu'un simple axe routier ; c'est là que se concentre toute l'animation aixoise. Les rangées de platanes ont remplacé les ormeaux d'origine. Elles en font un « tunnel de verdure » fort apprécié lorsque le soleil se fait trop insistant. Certains ont comparé le charme de ce célèbre promenoir à celui d'une cathédrale : nef centrale et bas-côtés rythmés par des troncs et des branchages, semblables à des piliers et à des voûtes.

Ce cours ne serait pas aixois, s'il n'était agrémenté de fontaines. Au centre, ce sont la fontaine des Neuf-Canons et la fontaine chaude. A l'extrémité, c'est celle du roi René qui de cette manière continue à régner sur sa capitale.

Tout comme plane sur le centre ville, le fantôme de Mirabeau. C'est sous les balcons de Mlle de Marignane, « un des plus beaux partis de Provence » que le comte Gabriel Riqueti de Mirabeau laissa volontairement son carrosse plusieurs nuits de suite. Le mariage dut être conclu, mais le beau-père qui ne fut pas dupe, ne donna jamais la dot. Cela valut au comte un copieux endettement, et « Monsieur Bourrasque », comme il fut surnommé, séjourna au château d'If. Il sut néanmoins s'attacher la population aixoise dont il devint le représentant élu.

On retrouve précisément le long du cours les deux principaux attraits de la ville. D'un côté, l'avenue est bordée de cafés et de boutiques. Parmi elles, de nombreuses librairies attestent de la vie intellectuelle aixoise. De l'autre côté, c'est la splendeur de l'ancienne ville aristocratique qui se devine à travers les façades des vieux hôtels. Splendeur d'hier, vie d'aujourd'hui, sur le cours Mirabeau, le passé et le présent vivent en bonne intelligence.

C'est au sud du cours que s'étendent les « beaux quartiers » des XVIIe et XVIIIe siècles. Avec ses soixante-dix-huit hôtels particuliers, Aix offre à l'amateur d'architecture classique les plus beaux exemples de la région. De somptueuses façades, richement décorées, se sont élevées un peu partout. Ici, c'est un balcon en fer forgé, là, une corniche ou un portail élégamment sculptés ; les atlantes ou les cariatides, mis à l'honneur par Puget sont nombreux.

L'art qui s'épanouit alors est un art noble, tout à fait digne de l'érudition et du savoir-vivre des habitants. Les hôtels aixois sont, de plus, rendus plus séduisants encore par la teinte chaude de leurs vieilles pierres. On découvre ainsi, sans itinéraire précis, toute la richesse architecturale de l'aristocratie parlementaire. Et s'il fallait choisir un exemple parmi tous, ce serait la place d'Albertas. Tout y est : conçue en hémicycle, la place unit avec beaucoup de charme la stabilité, la sagesse de l'ensemble à la variété du détail. En son centre, l'inévitable fontaine.

De même qu'il est impossible de décrire tous les hôtels, il est vain de dénombrer les fontaines. Aix, ville aquatique dès l'origine, offre quantité de fontaines, qui sont comme des traits d'union entre les différents quartiers.

La meilleure illustration d'architecture civile, c'est sans nul doute l'hôtel de ville, mais le collège ou le grenier d'abondance n'ont rien à lui envier. Le décor de la halle aux grains, du XVIIIe siècle, est une fois de plus relatif au thème de l'eau. Le grenier a été construit à une époque où de grands efforts étaient fournis pour le développement de l'irrigation.

L'hôtel de ville est typique du style baroque tel qu'il a été interprété en Provence ; ce ne sont qu'enroulements, encorbellements et frontons abondamment sculptés. Aix comprend six musées qui abritent chacun des collections substantielles. Le musée Granet, toutefois, mérite un détour. Enrichi par le don de collections particulières d'amateurs de la région, il nous renseigne sur la sûreté de goût de la grande bourgeoisie.

Il n'a pas suffi à Aix de se doter d'un bruyant et glorieux représentant pour que sa prééminence au sein de la région soit maintenue. Concurrencée par Marseille, Aix se voit ravir la première place. Durant tout le XIXe siècle, la population stagne. Ce n'est plus qu'une agglomération résidentielle oubliée de l'industrialisation.

Mais Aix a réagi en se souvenant de son glorieux passé intellectuel et universitaire. Laissant à Marseille les fumées d'usine et les cités ouvrières, elle a pris une orientation prestigieuse et est devenue, à sa façon une capitale culturelle. Les initiatives relatives à cette vocation réactualisée ne cessent de se multiplier. Ainsi, grâce à une intensification des activités qui lui sont propres, elle a réussi à maintenir, voire à augmenter sa population.

L'essor de l'université, par exemple, est à relier aux efforts qui ont été faits pour maintenir un rapport constant avec les facultés étrangères. Les étudiants trouvent là une raison supplémentaire de s'installer à Aix, si toutefois le cadre ne les a pas déjà convaincus. Puis l'extension fonctionne tel un engrenage. Une ville universitaire, c'est-à-dire qui mêle des populations jeunes, cosmopolites et intellectuelles est dotée tout au long de l'année d'une animation attractive.

Aix a aussi su compter avec le tourisme qu'elle est largement en droit d'escompter. Durant l'été, la cour de l'archevêché, le cloître ou les hôtels s'ouvrent à un public mélomane. Créé en 1948, le Festival international de musique a atteint aujourd'hui une réelle et juste notoriété. Grâce à lui, Aix a désormais sa place entre Bayreuth et Salzburg.

L'audience de ce festival était initialement réduite à un public averti. Elle s'est aujourd'hui étendue grâce à toutes sortes d'activités complémentaires. D'autre part, la « saison » s'est étendue dans le temps. A tout moment de l'année, il y a à Aix des congrès et des rencontres internationales.

Cette vocation musicale ne surprendrait pas l'enfant du pays qu'est Paul Cézanne. Toutes les étapes de la vie de l'artiste eurent Aix pour cadre. Il s'y fit construire une grande villa selon des impératifs artistiques précis. Cet atelier se visite de nos jours. S'il a beaucoup travaillé à Paris, jamais cependant, il ne pourra oublier l'extraordinaire lumière d'Aix, pas plus que les somptueux paysages de ses environs.

Avec Cézanne, quittons Aix pour la montagne Sainte-Victoire qui l'a si heureusement inspiré. Ce massif calcaire constitue un rempart naturel contre lequel s'adosse la ville. Le pic des Mouches culmine à 1 011 mètres. Entre Aix et ce sommet, il faut s'arrêter à la Croix-de-Provence, lieu de l'ancien prieuré de Notre-Dame de Sainte-Victoire d'où la vue sur le bassin de l'Arc et la chaîne de l'Etoile vaut bien les trois heures de marche à pied.

Cet atlante du Pavillon de Vendôme semble aussi dubitatif que l'habitant d'Aix qu'il surplombe. Ce pavillon hors mur, construit à partir de 1665, a été commandé par Louis de Mercœur, duc de Vendôme, petit-fils de Henri IV et de la belle Gabrielle d'Estrées, mais aussi cardinal dont les mœurs défiaient la chronique aixoise. Cet important personnage, protégé de Mazarin, s'adressa à deux artistes, Antoine Matisse et Pierre Pavillon, mais les sculptures sont dues à Jean-Claude Rambot. Les atlantes sont d'une puissance extraordinaire. Comme Puget, le plus grand sculpteur d'Aix au XVIIe siècle, Rambot sacrifie ici l'élégance à la force.

Pages 86-87 : *On n'est pas surpris de constater que cet imposant château de Vauvenargues commande le passage de la vallée de l'Infernet. L'ensemble est situé au pied des monts de la Sainte-Victoire. L'endroit autant que le bâtiment qui date des XVIIᵉ et XVIIIᵉ siècles sont d'une austère grandeur qui confine au recueillement. C'est vraisemblablement dans ce but que Picasso se rendit propriétaire de Vauvenargues en 1958. Cet édifice est très exactement à mi-chemin entre le château et la bastide. La bastide, typiquement provençale, est une résidence de campagne, le plus souvent de plan carré, et comportant un toit plat. Les ouvertures sont petites pour laisser passer suffisamment de lumière, mais pour ne pas permettre à la chaleur de rentrer. Les murs sont évidemment très épais.*

Ci-dessus : *Aix-en-Provence est entre beaucoup d'autres choses une ville de fontaines. Peut-être faut-il y voir un lointain rappel de l'origine de sa fondation. En effet, Aix tire son nom et sa réputation de ses sources thermales. C'est la ville d'eau par excellence. On n'est donc pas surpris de rencontrer autant de fontaines lorsque l'on se promène. La fontaine de la Rotonde n'est pas très ancienne. Le décor de la place date du Second Empire. Les trois allégories qui la couronnent représentent respectivement la Justice dans la direction du cours Mirabeau, l'Agriculture vers Marseille et les Beaux-Arts vers Avignon. A toutes les époques, les urbanistes se sont souvenus de la longue tradition aquatique de la ville.*

Ci-contre : *La place et l'hôtel d'Albertas constituent un des exemples les plus représentatifs de l'architecture aixoise à l'époque classique. L'hôtel a été construit en 1725 pour H. Reynaud d'Albertas, premier président de la Cour des comptes. Ce qui frappe dans l'élévation de cette façade, superbement mise en valeur par son éclairage, c'est le remarquable « équilibre des lignes ». Les horizontales sont données par la solidité du rez-de-chaussée d'une part, qui comporte des fenêtres en plein cintre, séparées par des murs de refend, et par la moulure de la corniche entre le premier étage et le second. Les verticales sont données par l'élancement des pilastres ioniques qui rythment la façade sur ses deux étages, le second étant en attique.*

Marseille

La plus vaste et la plus fameuse des calanques, c'est celle de Marseille. Adossée au massif de la Marseilleveyre, dominée par les promontoires où se répondent la tour rose du roi René, les forteresses de Vauban, Saint-Jean et Saint-Nicolas, Marseille ne ressemble plus au littoral sauvage que découvrirent les navigateurs phocéens au VIᵉ siècle av. J.-C. Annoncée par une succession d'îlots, au cœur d'un grand bassin naturel, protégée du mistral par un cirque rocheux, à l'embouchure enfin du petit fleuve de l'Huveaune, la situation de Marseille est idéale. Tel fut bien l'avis de ces marins grecs qui choisirent l'endroit pour fonder la colonie de Massilia.

Quels qu'aient pu être les aménagements, la nature subsiste à travers la calanque du Lacydon, berceau de la « cité de la mer », Massalia Graecorum. On devine l'histoire de la ville rien qu'en la surplombant, par exemple, du merveilleux belvédère que représente Notre-Dame-de-la-Garde qui fut peut-être dédiée à Artémis avant de l'être à la Vierge. De l'autre côté, la butte Saint-Laurent épaule les plus vieux quartiers, éternellement rebâtis avec les mêmes pierres. De hautes et étroites maisons se succèdent tout au long d'un dédale de ruelles. Le tissu urbain est ici particulièrement dense. Le tout est riche en couleurs et en animation.

Quel que soit l'endroit où l'on se promène à Marseille, on foule un sol chargé de vingt-trois siècles d'histoire : vers le port évidemment, sur la Grand'Rue à flanc de colline ou sur la place Lenche, agora d'hier et forum d'aujourd'hui. La doyenne des villes de France fait découvrir son passé au hasard d'une promenade.

Ce sont les destructions de la guerre et les impératifs urbanistiques qui ont permis de retrouver les exceptionnels vestiges de la cité antique. Cependant, tous les siècles ont laissé leur trace. Le clocher des Accoules, par exemple, date du Xᵉ siècle ainsi que l'église Saint-Laurent. La vieille Major a été édifiée au XIIᵉ siècle sur les fondations d'un temple romain dédié à Diane.

De même, les Augustins cachent les soubassements d'une commanderie des Templiers datant des Croisades. Le XVIᵉ siècle se perçoit à travers la Maison Diamantée qui abrite le musée du Vieux-Marseille ou à travers l'hôtel à la fois gothique et renaissance du Chevalier Cabre.

Sur la butte, on devine encore les tours des derniers moulins à vent du Moyen Age. Le tombant de la Tourette était l'endroit d'où l'on précipitait les cadavres de la grande peste de 1720 avant de les recouvrir de chaux vive. L'Hôtel-Dieu est celui que Mansart reconstruisit sur les restes de l'ancien hôpital du Saint-Esprit. Enfin, La Charité, au dôme ovoïde, est à rapprocher de l'hôtel de ville. Tous deux sont du XVII siècle, tous deux portent la marque des frères Puget.

La configuration de Marseille doit beaucoup à Louis XIV. Le Roi-Soleil décida, en effet, de tripler la surface de la ville, en créant les nouveaux quartiers de la Bourse et de l'Opéra, ainsi que l'Arsenal des galères. Il fit également annexer la rive méridionale du port ainsi que ses pentes. Mais les Marseillais restèrent sur leurs hauteurs et dans les vieux quartiers. Sous la Restauration, une nouvelle campagne d'agrandissement eut lieu, de même qu'en 1830, lorsque l'Algérie devint une colonie.

De Notre-Dame-de-la-Garde, on distingue parfaitement ces différentes phases de croissance. La vieille ville, caractérisée par le labyrinthe de ses rues, contraste avec les quartiers rectilignes de l'époque ludovicienne. Les deux ensembles sont séparés par l'axe « haussmannien » de la rue de la République.

Le XIXe siècle, c'est, bien sûr, la percée du chemin de fer ou les grandes artères bordées d'arbres. Une, parmi toutes, mérite notre attention : c'est l'épine dorsale de Marseille, celle qui relie le centre au Vieux-Port, à savoir la Canebière qui tire son nom du marécage à roseaux « Canabis ». La Canebière, que Pagnol a immortalisée, pose aujourd'hui de sérieux problèmes de circulation.

La Canebière sépare deux mondes très différents : au nord, se développent les secteurs industriels nés de l'activité portuaire, au sud, ce sont les quartiers résidentiels. La colline de Notre-Dame-de-la-Garde s'est recouverte de petites maisons d'artisans, de commerçants ou de pêcheurs. Les rues qui les relient se terminent parfois par un escalier, tellement la pente est rude. L'un de ces quartiers ne s'appelle-t-il pas « gratte-semelle » ?

Plus prolétariens, les quartiers de la Blancarde ou de la Capelette, le long de l'Huveaune, datent du siècle dernier. Mais les résidences se succèdent le long du Prado et du boulevard Michelet. Ces avenues ombragées de platanes sont ponctuées par la Fontaine Cantini à Castellane, par l'obélisque de Mazargues ou la réplique du David de Michel-Ange. Le tertiaire, surtout les milieux bancaires et informatiques, s'est installé dans ce VIIe arrondissement, qui cependant reste un quartier de résidences bourgeoises bordées d'espaces verts.

C'est en cet endroit que le grand architecte et théoricien Le Corbusier fut chargé de construire une « unité d'habitation de grandeur conforme ». Bâti aux mesures de l'homme, cet immeuble, totalement novateur dans sa conception du logement, comporte 321 appartements. Très critiqué au début, il fait désormais partie des habitudes. C'est le plus récent des monuments historiques.

La ville « tentaculaire » a fini par absorber les villages qui la jouxtaient. Au nombre d'une vingtaine, ils constituaient la couronne des Saints de Marseille (Saint-André, Sainte-Anne, etc.). Ils étaient entourés de prés et de garrigues. Aujourd'hui, des lotissements les remplacent. Après la guerre la nécessité de construire a pris le pas sur la préservation des espaces verts. Les anciennes bastides et leurs parcs ou les terrains agricoles ont été annexés, alors que l'activité maraîchère s'est trouvée reléguée à la périphérie.

Sur les pourtours de l'agglomération, il subsiste les villages de pêcheurs de l'Estaque ou de la Madrague. Malgré la proximité de Marseille, un certain folklore a subsisté : la Targo, où les joutes nautiques opposent des chevaliers armés de l'écu de bois. Dans les villages ruraux, c'est la fête des laboureurs qui continue à bénir les animaux et même les tracteurs. Au son du galoubet et du tambourin, ont encore lieu des ventes aux enchères du « gaillardet », espèce de harnais d'honneur rutilant et empanaché que le plus généreux garde pour une année.

Au fond de la grande ville, les montagnes. Ce sont la chaîne de l'Etoile, les monts de Saint-Cyr-Carpiagne, le massif de la Sainte-Baume. Comme à Marseille, l'histoire est partout présente et les vestiges sont nombreux dans la vallée de l'Huveaune : à Saint-Marcel, c'est un oppidum celte, à la Penne, une curieuse pyramide romaine. A Saint-Jean-de-Garguier, un vieux prieuré chrétien comporte une chapelle dans laquelle on a retrouvé de superbes ex-voto dont certains remontent au XVIᵉ siècle.

L'industrie s'est installée dans la fertile vallée de l'Huveaune. La puissance des moulins a été remplacée par l'énergie électrique. Métallurgie, fabrique de pâtes, chocolateries s'y succèdent. La plaine d'Aubagne, au contraire, vit toujours de l'agriculture. Les premières fraises, jadis vendues dans un cornet d'argile, étaient réservées à la confrérie des notaires, qui s'en régalaient lors de leur fête patronale.

Plus au nord, avec les gorges de l'Huveaune, on sort du monde civilisé et la nature redevient reine. A l'est, Gemenos ouvre le vallon de Saint-Pons, par lequel on pénètre dans le massif de la Sainte-Baume.

A l'ouest, la source thermale du village de Camoins est protégé par des platanes. Au-dessus, ce sont les garrigues odorantes, les vallons de pinèdes striées de barres rocheuses, où Pagnol, cinéaste, a reconstitué le village d'Aubignane. Le père de l'écrivain était instituteur à Aubagne. C'est dans cette campagne que l'enfant du pays durant les vacances venait célébrer « la gloire de *son* père » ou imaginait « le château de *sa* mère ». L'été, en son hommage, la ville d'Aubagne présente des « santons », ces petits personnages d'argile colorée.

Aubagne, terroir de l'argile, est le centre de cet artisanat de naïveté. Une importante production de céramique fait toujours la fierté de la vallée.

Aubagne et ses santons, Allauch et ses moulins sont des étapes obligatoires pour qui veut s'initier au folklore provençal, et plus particulièrement marseillais.

Mais revenons au cœur même de la capitale méridionale, et du haut de Notre-Dame, admirons les toits de tuile, les dentelles d'arbres qui aèrent cette masse compacte. Par-ci, par-là, émerge le clocher d'une ancienne bourgade. Au fond, c'est la barrière montagneuse qui colore au soleil couchant en dégradés de roses, de bleus et de gris. Mais pour une bonne part, le pourtour marseillais, c'est la mer.

Le centre, on y revient toujours, ou plus exactement, on y descend, comme on dit ici. Ce centre, où se déroule l'essentiel de l'activité, est curieusement très réduit. Sont regroupés dans un étroit périmètre l'hôtel de ville, la cathédrale, la Bourse, le palais et toutes les principales administrations. Les commerces et le port ne sont pas loin non plus.

Ce qui rend Marseille très attachante, c'est l'animation exceptionnelle et bigarrée qui la caractérise. Pour s'en imprégner, il suffit de traverser le marché de la rue Longue-des-Capucins ou de se promener sur le port, quand les pêcheurs y débitent leurs thons ou leurs sardines.

Le port... Les quais en fixent les limites actuelles, mais il n'eut pas toujours ce visage. Le premier port fut celui des Grecs, établi dans le Lacydon. Après l'épisode romain, la rive sud vit fleurir le christianisme avec l'érection du monastère-forteresse, de l'abbaye Saint-Victor. Plus tard, le roi s'attacha à construire un port de galères, alors que l'arsenal dominait la rade. A cette époque, on savait monter un navire en un seul jour rien que « pour le plaisir de son Altesse ». La colline abritait les caves fermées par des barreaux dans lesquelles étaient retenues les galériens.

Puis ce fut le port des pêcheurs et des armateurs. Encombré de voiliers et de tartanes puis de bateaux à vapeur, le Vieux-Port n'y suffisait plus, malgré sa rive neuve. Il fallut se résoudre, en 1844, à l'agrandissement par l'adjonction de nouveaux bassins. Depuis, n'ont cessé de se construire quais, jetées ou hangars. L'essor de l'activité portuaire a été fulgurant. La géographie n'a pas réussi à arrêter cette expansion. La barrière rocheuse a été franchie et l'étang de Berre annexé, tout comme le littoral jusqu'à l'embouchure du Rhône.

Ce gigantisme a fait du Vieux-Port un port de plaisance, minuscule partie d'un complexe gigantesque : le port autonome de Marseille. Le plus long tunnel maritime du monde a été creusé, pour faciliter les communications entre les différentes unités. Malgré la diversité de ses activités portuaires, Marseille reste un port de pêche.

L'expansion de la ville a été inhérente au développement de ses activités. L'urbanisation s'est donc faite de manière plus anarchique qu'ordonnée. Aurait-elle été victime de sa réussite ? Ce n'est que dans le dernier quart du XIX siècle qu'elle s'est intéressée à son urbanisme, s'efforçant de combler les retards ou de réparer les erreurs. Le « grand balcon » de la corniche est un exemple des efforts qui ont été faits.

En fait, Marseille montre un urbanisme raisonné ; c'est la première ville qui présenta un schéma directeur de modernisation et d'équipement, ce qui lui valut d'être récompensée.

Ainsi, le Marseillais peut être fier de sa ville. Jadis, la « démocratie marseillaise », était une référence institutionnelle. Les six cents « timouques » régnaient sur la politique comme sur le commerce. Aujourd'hui, les secteurs sont différenciés. La plus vieille mairie de France abrite toujours la municipalité. La plus ancienne des chambres de commerce siège sur la Canebière. Et leurs devises se font écho : « Actibus immensis urbs fulget Massiliensis » ; « par des actions immenses brille la ville de Marseille », nous dit le blason de la ville, marqué d'une croix d'azur.

« Quot cursus immota regit » : « combien de courses immobiles elle gouverne » lui répond le sceau de l'assemblée consulaire sur lequel un voilier est guidé par des constellations célestes.

Laissons à Pagnol le mot de la fin : « Eh bien ! Monsieur Brun, à Marseille on ne dit jamais « bagasse » ! On ne porte pas la barbe à deux pointes, on ne mange pas très souvent de l'aïoli et on laisse le casque aux explorateurs... et on fait le tunnel du Rove et on construit 20 km de quais pour nourrir l'Europe avec la force de l'Afrique... Et en plus, Monsieur Brun, on emm... tout l'univers ».

Cet univers qui n'est pas digne du respect de César, commence au-delà des îles qui font face à Marseille. L'histoire du Château d'If, fort puis prison de l'Ancien Régime a été éclipsée par la fiction d'Alexandre Dumas. On se souviendra davantage de la cellule de Monte-Cristo que des cachots des huguenots.

Mais après avoir visité le comte dans sa forteresse, le retour sur Marseille provoque un choc qui, malgré les siècles, doit se rapprocher de l'émotion que connurent les Phocéens en accostant.

Ci-dessus : *La cathédrale de la Major à Marseille porte le même nom que l'ancienne cathédrale. Pour les distinguer, celle-ci, conçue entre 1852 et 1893 a été baptisée Sainte-Marie-Majeure. Son style est tout autant d'inspiration byzantine que gothique ou romane, c'est-à-dire qu'elle est tout à fait conforme, à ce style qui n'en est pas un, des églises du XIXᵉ siècle. C'est l'édifice le plus vaste, et pour certains, c'est en outre la plus belle cathédrale qui ait été bâtie en France depuis le Moyen Age ! La façade présente une alternance de pierres blanches de Calissane et de pierres vertes de Florence.*

Ci-contre : *Deux des représentations symboliques de Marseille sont là : Notre-Dame-de-la-Garde surveille le Vieux-Port. Massilia a bien changé depuis vingt-cinq siècles ! Car on ne peut pénétrer dans Marseille sans penser à ces marins grecs, qui aux abords de la côte ligure, découvrirent une crique profonde (l'actuel Vieux-Port) appelé Lacydon. Le site ressemblant étrangement à leur mère patrie, les Phocéens décidèrent de s'y installer. La légende raconte qu'à ce même moment, Nann, chef ligure, se préparait à marier sa fille Gyptis, lors d'un festin au cours duquel elle devait désigner son futur époux, en lui faisant l'offrande de la coupe de vin. Gyptis choisit Protis, le chef*

des Phocéens, et c'est ainsi que la colonie s'installa sur les rives nord du Lacydon.

Pages suivantes : *Le palais Longchamp de Marseille abrite le musée des Beaux-Arts et le muséum de la ville. Il a été édifié entre 1862 et 1870 d'après un projet du sculpteur Bartholdi. Sa première fonction est celle de château d'eau, puisque c'est là qu'aboutissent les eaux de dérivation d'une branche mère du canal, en vue de l'alimentation en eau de la ville. Le groupe central de la fontaine représente la Durance accompagnée de la vigne et du blé. Ce château d'eau mesure 36 mètres de hauteur. Les jardins et les jeux d'eau ont été conçus pour être en parfaite harmonie avec le bâtiment.*

Ci-dessous : *Cette rotonde qui semble émerger de la lavande a donné son nom au village qu'elle surveille. Simiane-la-Rotonde est une cité fortifiée dont les remparts sont constitués par les maisons qui sont en bordure. Le donjon de l'ancien château fort que l'on aperçoit ici date des XIIe et XIIIe siècles.*

La région de Forcalquier est productrice de lavande. Si la Provence devait se résumer à un parfum, ce serait bien évidemment celui de la lavande. Cette plante fleurit au mois de juillet. Ce n'est qu'au XXe siècle que la culture devint industrielle. De grands champs sont cultivés. Alors que la lavande demande une certaine altitude, le lavandin, espèce hybride produisant des essences de qualité inférieure, se contente de versants plus bas.

Ci-contre : *Les ports se succèdent à Marseille et ne se ressemblent pas. La côte marseillaise est une longue suite de quais et de jetées. Il faut bien que le premier port de la Méditerranée laisse apparaître sa supériorité dans son paysage. A côté des pétroliers (90 % des tonnes qui transitent dans le port sont des importations pétrolières) subsistent quelques chantiers au cœur même de la ville. Avec Martigues et Port-Saint-Louis, Marseille est au premier rang national de la pêche de la sardine. Les ressources de la pêche sont en train de régresser devant l'industrialisation et la pollution des eaux.*

Les Calanques

A l'est de Marseille et jusqu'à la petite ville de La Ciotat, s'étire l'abrupt massif des Calanques. Les calanques sont des échancrures étroites et profondes qui font penser à des fjords, où la mer s'insinue entre de hautes falaises. Par extension, le nom de Calanques a été donné à l'ensemble du massif séparant Marseille de La Ciotat.

Il y a plus de deux millénaires, des galères grecques venant de Phocée, cité ionienne d'Asie Mineure, longent la côte des Calanques qui leur rappelle leur pays d'origine. Ces falaises sont inabordables, et là où il serait possible d'accoster, l'arrière-pays est sauvage et désertique.

Les marins poursuivirent donc leur route, jusqu'à une crique plus hospitalière où ils fondèrent la colonie de Massilia.

L'ensemble du massif ne se présente pas de manière homogène. C'est d'ailleurs là tout son charme. A l'ouest, se détache la montagne de la Marseilleveyre, qui doit son nom à la position de la ville de Marseille qu'elle surplombe. Un ravin profond la sépare du massif du Puget qui se termine à Cassis. Entre Cassis et La Ciotat, c'est la montagne de la Canaille.

Une même complexité de phénomènes a fait naître dans chacun de ces ensembles une quantité surprenante de formes. Vallons tortueux, falaises vertigineuses, lisses ou striées donnent à ce littoral et à ses proches abords, un aspect désolé, sauvage et difficile d'accès. Comment ne pas ressentir une impression de bout du monde ?

Marseilleveyre semble projeter ses arêtes selon le schéma d'une étoile, qui dessinerait de nombreux vallons se terminant en calanques vers la mer. Le littoral a ici une apparence plus sinueuse qu'accidentée. De nord-sud, la direction devient ouest-est, et ce, de manière brusque. Le pilier d'angle de ce changement d'orientation, c'est le rocher de Saint-Michel-d'Eau-Douce.

Vient ensuite toute une série de calanques : La Mounine, les Queyrons, le Podestat, l'Escu ou l'anse de la Melette. Au large, une ribambelle d'îles qui s'égrènent dans le bleu profond de la mer semble leur répondre.

Plus loin, assurant déjà la transition avec le massif suivant, se succèdent deux calanques parmi les plus belles. La calanque de Sormiou, enserrée par de hautes falaises, offre en outre au plaisir des yeux un petit port de pêche et une superbe pinède. La calanque de Morgiou, elle aussi encaissée entre deux murailles abruptes, est plus sombre et plus sauvage. Elle abrite également un port aux ravissantes maisons de pêcheurs.

A l'inverse, la région du Puget constitue un bloc uniforme prolongé à l'est par de hauts plateaux entaillés profondément par de tortueux ravins terminés en calanques.

Un autre paysage grandiose de cette côte qui n'en est pas avare, est l'ensemble de la calanque de Sugiton et de l'île du Cygne qui lui fait face. Puis ce sont les grandes dalles de La Lecque, à l'abri des contreforts de la Grande-Candelle, la calanque de Saint-Jean-de-Dieu, les calanques du Dévenson, de l'Eissadon ou de l'Oule, dominées par les falaises du Bérou Rouge.

La plus fameuse et la plus belle, est la calanque d'En-Vau. Le blanc des rochers, le bleu dense de la mer, le vert des pins qui s'agrippent aux parois, s'allient en une remarquable harmonie. Ses voisines, les calanques de Port-Pin et de Port-Miou, la plus profonde de toutes, n'ont rien à lui envier.

Enfin, nous atteignons Cassis avec ses plages, sa vieille ville et ses demeures anciennes, son petit port bordé de maisons aux tuiles génoises.

Ce petit village de pêcheurs est devenu une sorte de Montparnasse méridional. En effet, Derain, Vlaminck, Matisse et Dufy y ont séjourné. Si ces grands noms de la peinture moderne ont choisi Cassis, c'est autant pour ses environs agrestes que pour son exceptionnelle lumière. L'été, des joutes nautiques sont organisées, en particulier, en l'honneur de la fête de saint Pierre, patron des pêcheurs.

Après, c'est la célèbre « corniche des crêtes », sur la courte portion de littoral qui sépare Cassis de La Ciotat, le contour est moins découpé mais les falaises qui surplombent la mer sont les plus hautes de France. La corniche des crêtes offre une succession de points de vue sur le Puget tous plus admirables les uns que les autres, le Cap-Canaille ou le Sémaphore.

Au large des calanques de Figuerolles et du Muguel, se trouve l'île Verte. De l'ancien fortin de l'île, on a une superbe vue sur le rocher du cap de l'Aigle dont la silhouette se projette, telle une tête d'oiseau.

Déjà la calanque du Muguel présente des reliefs beaucoup plus arrondis. La corniche des crêtes se termine doucement au petit port de La Ciotat.

Comme Cassis, La Ciotat a le privilège de recevoir énormément de soleil. Cette rare luminosité lui valut d'être le cadre d'origine du cinéma. Louis Lumière y installa sa caméra pour ses premiers films. Un monument dédié aux frères Lumière commémore d'ailleurs les débuts du septième art.

Rebutés par des terres qui n'acceptent que la vigne, les Ciotadens connurent très tôt une vocation maritime et commerciale. D'abord colonie marseillaise, puis fief de l'abbé Saint-Victor, la petite ville se spécialisa dans la construction navale. Cette activité s'amplifia tellement que Marseille en prit ombrage au début du XVIIIᵉ siècle et tenta de l'enrayer. Au XIXᵉ siècle, les chantiers de construction reprirent leur essor ; ils sont aujourd'hui les plus importants de la région. A ces chantiers, les visiteurs préfèrent, en toute logique, la Ciotat-Plage, avec son cadre luxuriant de palmiers et de mimosas.

Mais si spectaculaire et insolite que soit ce littoral des Calanques, il ne doit pas faire oublier l'arrière-pays, sauvage et grandiose lui aussi. Là, le bleu de la mer fait défaut pour trancher sur le blanc, et pourtant... Cet univers minéral est ponctué d'une rare végétation qui en souligne les contours. Garrigues et pins odorants s'agrippent littéralement aux parois de manière impressionnante.

Les Calanques abondent en parois et arêtes, aiguilles et sommets. Par là, elles sont l'une des terres de prédilection de la varappe. Murailles abruptes dressées au-dessus de la mer, c'est de 20 à 300 mètres d'altitude une infinité de possibilités pour les adeptes de ce sport.

De tout temps, Cassis a été un port. Ce nom de Cassis vient probablement de charcis, qui lui-même vient du grec Kheiros qui signifie la main. Du haut des falaises, la vue que l'on a du golf fait penser au dessin d'une main. Le port ancien établi par les Phéniciens a disparu du fait des modifications de terrain. Cassis est bien un petit port typiquement provençal, avec ses barques colorées et son quai des Baux, bordé de façades, elles aussi colorées, et recouvertes de toits roses dont aucun n'est à égale hauteur. Comme partout en Provence, la montagne n'est pas loin. Le massif de Cap Canaille (362 mètres) domine à l'arrière-plan.

Ci-contre : *Jadis, les Calanques étaient verdoyantes. D'après d'anciennes chroniques, les sources étaient nombreuses et l'ensemble des massifs était si boisé, que François 1er vint y chasser le cerf. De même, à cause de la densité du manteau forestier, les Calanques constituaient un parfait refuge pour les pirates. Plus près de nous, durant la Seconde Guerre mondiale, les Mar-* *seillais venaient ici chercher leur bois de chauffage. Tout cela peut aujourd'hui paraître bien surprenant tant la roche est à nu. Les incendies ont détruit la végétation et l'humus a été balayé, faisant des Calanques un univers minéral pour la plus grande joie des alpinistes mais aussi de tous les vacanciers qui ont plaisir à s'isoler dans les nombreuses criques de la côte.*

Ci-dessus : *Tous les matins, les habitants de Cassis peuvent entendre les bruits de moteurs des chalutiers qui partent relever les filets et les nasses. Le port vit encore de la pêche, et cela doit être précisé, car ce n'est pas chose courante entre Marseille et Menton. Cassis est une étape gastronomique pour les amateurs de bouillabaisse en particulier, et de poisson frais en général.*

Toulon

Toulon, c'est la capitale des marins, c'est-à-dire beaucoup plus qu'une ville de la marine nationale. Phéniciens et Romains déjà y faisaient escale. Cela tient à la taille extraordinaire de la rade, qui, de plus, est protégée par un écran montagneux. On distingue la Grande Rade, celle qui est protégée par la presqu'île de Saint-Mandrier et la petite rade qui comprend le port et l'arsenal.

Ce sont les premiers habitants, des Celto-Ligures, qui lui ont donné ce nom de Toulon. Ces pêcheurs étaient des Camatuliens. Les Romains développèrent ici une teinturerie de pourpre à cause de la grande quantité de petits coquillages de murex que l'on trouvait sur cette côte. La pourpre se conservant mal, une véritable manufacture d'étoffes, monopole de l'empereur, se développa. Telle est l'origine de la ville.

Par la suite, Toulon ne s'agrandit que très progressivement, et à la fin du XIIIe siècle, on ne comptait guère que cinq cents feux. Ce n'est qu'au XIVe siècle que la ville fortifiée par ailleurs se décida à protéger son front de mer par un rempart. Elle ne cessera désormais de renforcer ses enceintes, victime de très nombreuses guerres dues à sa position stratégique. Du temps de la succession de la reine Jeanne, la ville était si dépeuplée, paraît-il, que l'on fit appel aux veuves pour surveiller les alentours du haut des remparts.

Toulon, exempte d'impôts royaux, sut toujours se préserver une relative indépendance, même si parfois elle dut le payer fort cher. A cause des difficultés économiques, les habitants vécurent un temps de la piraterie. L'origine militaire du port vient de ce que Louis d'Anjou qui, en 1404, cherchait à reconquérir Naples choisit cette rade comme point de départ de son expédition. La destinée militaire de Toulon était déterminée.

Durant les guerres d'Italie, Charles VIII, qui tentait lui aussi de récupérer le royaume de Naples, commanda la construction d'une flotte, entre autres, à la ville de Toulon, qui désormais devenait un port royal. A partir du XVIe siècle, Toulon s'imposa comme rivale de Marseille qui était officiellement la base de la flotte royale.

Henri IV créa l'Arsenal maritime affecté à la construction des vaisseaux, et le port dut être réaménagé. Nombreux étaient les galériens ; tous n'étaient pas des criminels. Certains étaient simplement des protestants ! Enfin, Richelieu confirma définitivement Toulon à sa place de premier établissement militaire en Méditerranée. Il faut dire que la ville avait vaillamment contribué à reprendre les îles de Lérins aux Espagnols.

A la fin du XVIIe siècle, Toulon était à l'apogée de sa puissance. Le port devenait trop étroit. Vauban fut chargé de construire la Grande Darse, qui pouvait retenir une centaine de vaisseaux. Il fit de Toulon le premier port militaire d'Europe. Le marquis de Pompignan jugeait qu'« à l'Arsenal, le roi paraissait plus grand qu'à Versailles ». La ville devait désormais compter avec cet acquis... pour le meilleur et pour le pire.

Le pire, ce furent les nombreux affrontements auxquels elle dut se livrer, le meilleur, ce fut une histoire militaire prestigieuse, le plus souvent héroïque.

Aujourd'hui, le port militaire est loin de développer l'activité qu'il a connue jadis. Et cependant autant par l'ambiance portuaire qui y règne que par le caractère grandiose de son site, Toulon est bien une étape touristique. Le quai Stalingrad est un lieu de promenade très appréciable et très apprécié.

En plus de son vieux centre ville, Toulon possède quelques richesses architecturales, comme l'ancien hôtel de ville. Les cariatides puissantes sont dues à Puget. L'artiste se serait inspiré des débardeurs qu'il avait observé sur le port. Par contre, les visages étaient ceux des consuls de la ville dont il voulait se venger personnellement.

Suite à cette réalisation, Colbert qui préparait une expédition contre les Turcs demanda à Puget de sculpter de la même manière les poupes des navires, afin de terroriser l'ennemi. Cela fut fait pour sept galères.

Hyères n'a certes pas un aussi prestigieux passé que sa voisine. Mais elle se présente comme un microcosme, c'est-à-dire qu'elle réunit toute la Provence et la Côte d'Azur à elle seule. Hyères, c'est tout d'abord une haute ville ancienne, légèrement en retrait de la côte. Les maisons perchées se serrent entre les remparts, sur un piton rocheux.

Mais Hyères, comme toute la Côte d'Azur, a su développer son tourisme. Elle offre trente-cinq kilomètres de plage. L'attrait touristique est né comme dans beaucoup d'autres endroits, grâce à une riche clientèle étrangère dans l'entre-deux-guerres. Hyères mérite toujours bien d'être qualifiée de ville de détente et de repos. Les ports de plaisance, nombreux, succèdent aux plages.

Mais Hyères, c'est aussi le point d'embarquement vers « les îles d'Hyères ». Cet archipel, que l'on surnomme les « îles d'or », doit sa beauté au caractère sauvage qu'il a su préserver. L'archipel est constitué de trois îles principales : Porquerolles, Port-Cros, et l'île du Levant. De nombreux autres îlots s'y adjoignent.

Ce qui est exceptionnel, c'est que devant un tourisme tentaculaire, ce petit paradis insulaire ait réussi à être sauvegardé. Ce n'est pas le fait du hasard. Au moment où les promoteurs commencèrent à s'y intéresser, la défense de l'environnement était au goût du jour. L'Etat intervint en ce sens, rapidement, et de manière efficace. L'île de Port-Cros fut classée parc national, alors que Porquerolles est passée dans le domaine public.

Plus au nord, dans les terres, à égale distance de Marseille et de Toulon, se dresse le massif de la Sainte-Baume. Ce qui est particulièrement impressionnant, c'est le manteau forestier qui le recouvre ; il est unique en France à bien des égards. Il s'agissait vraisemblablement, du temps des Gaulois, d'un bois sacré, et cette tradition s'est conservée à travers les pèlerinages qui ont toujours lieu à la grotte de Saint-Cassien. Les arbres sont des hêtres géants, des tilleuls et des érables. Ce ne sont donc pas des arbres que l'on trouve habituellement en Provence. L'ombre de la falaise en fait un endroit relativement frais, et c'est pour cette raison que l'on se croirait davantage en Ile-de-France que dans le Midi provençal.

Pages suivantes : La plus grande rade d'Europe peut être appréciée d'un point de vue panoramique depuis la route qui surplombe la ville. On aperçoit, à droite, la presqu'île de Saint-Mandrier qui se profile. Sa configuration a, en outre, fait de cette rade une des plus sûres de la côte, une des plus faciles à défendre. C'est plutôt à cette seconde qualité que Toulon doit son développement. En 1793, Toulon est délivrée des royalistes alliés aux Anglais et aux Espagnols par le capitaine Bonaparte. Après avoir été le premier port militaire d'Europe, Toulon n'est plus que le second français.

Les Maures

La première idée qui vient à l'esprit, lorsque l'on entend ce nom évocateur de Maures, est que ce massif montagneux qui s'étend d'Hyères à Fréjus doit quelque chose aux redoutables Sarrasins. Il n'en est rien. Ce nom de Maures vient beaucoup plus simplement du grec « amauros » qui signifie sombre. Le mot provençal « mauro », bois de pins, a fait la liaison du grec au français.

Aux soixante kilomètres sur trente de profondeur, les Maures sont parfaitement délimitées. Au nord les deux fleuves du Réal Martin et de l'Aille l'enserrent totalement. Au sud, c'est la Méditerranée qui les borde. De même, la configuration du massif est fort simple ; une chaîne principale dessert des chaînons secondaires : vallons et gorges se succèdent.

Les Maures, vous diront les gens du pays, on n'y pénètre pas. Leur mystère s'appréhende de l'extérieur. Elles sont là, partie intégrante du paysage que l'on peut découvrir de Grimaud, de Gassin, de Saint-Tropez ou de Gonfaron. C'est un massif sauvage et inhospitalier, qui pour cette raison dégage un romantisme extraordinaire.

On a parfois appelé cette partie de la Côte d'Azur la « Provence africaine », parce qu'elle est truffée de légendes, et que, longtemps, elle est restée à l'écart des voies de communication. Isolée, usée (délabrée diront certains), oubliée, cette montagne doit-elle toujours rester dans le fond du paysage ?

Non, car il faut prendre la peine d'entrer dans ces bois profonds. La végétation y est dense. Chênes blancs, chênes verts ou chênes-lièges, mais pas seulement. Rezvani nous initie à la folie de cette forêt : « L'arbre le plus fou, l'arbre du délire et de la disproportion, l'arbre lyrique, baroque, changeant, celui qui pour moi incarne les Maures et en serait le parfait symbole, c'est évidemment le châtaignier. »

Partout la forêt domine, et les cultures sont reléguées au fond, ou sur quelques rares coteaux des endroits habités. Il fallut donc vivre du bois. De fait, l'oranger, le citronnier, l'eucalyptus ou le mimosa se sont très bien adaptés aux pentes, à la terre et au climat.

Le point culminant des Maures est le sommet de la Sauvette. La vue sur l'intérieur du massif en est magnifique. Nombreux sont les sites, les points de vue et les panoramas, qui dans ce sauvage ensemble sont largement susceptibles de retenir toute notre admiration. Mais un parmi tous possède en plus le charme extraordinaire que lui a laissé l'histoire. Il s'agit de la chartreuse de la Verne ; végétation et pierre se mêlent et s'entremêlent en une superbe unité. La Chartreuse, abandonnée, semble comme les montagnes qui l'entourent, usée et oubliée. La nostalgie règne partout. Le silence est de rigueur.

Cette beauté du chaos émouvait particulièrement Maupassant, qui durant ses expéditions dans le Midi, laissait son yacht à Saint-Tropez et venait se recueillir en ces lieux.

Le Saint-Tropez de Maupassant était-il déjà tellement bruyant et animé ? Aucune ville ne résume mieux la Côte d'Azur que Saint-Tropez. Symbole ou mythe, qu'a donc fait cette petite colonie grecque pour en arriver à avoir une telle notoriété ? Une fois de plus, c'est à sa situation privilégiée d'avancée sur la mer qu'elle doit son histoire mouvementée. La richesse de son passé est multiple : militaire et maritime, littéraire et artistique. Liszt déjà, Maupassant ensuite ignoraient qu'ils étaient les premiers d'une liste de célèbres vacanciers qui ne devait plus finir.

Avant d'être le Saint-Germain-des-Prés méridional qui en fit la station à la mode, Saint-Tropez était un petit port qui vivait de l'exportation des bois et des lièges des Maures ainsi que de la pêche. Dans la seconde moitié du XIXe siècle, la venue de quelques grands noms l'imprègnent d'une connotation touristique. Citons les plus grands d'entre eux à avoir goûté au charme tropézien : Renan, Bazin, Cocteau, Colette pour la littérature, Signac, Matisse, Bonnard, Marquet pour la peinture. Voilà pourquoi elle devint le centre du post-impressionnisme. La ville fut détruite pendant la Seconde Guerre mondiale.

C'est l'arrivée de Bardot et de Vadim qui relança l'attrait touristique. Attrait que certains n'ont pas manqué d'analyser et de démystifier. H. Gault et C. Millau voient ainsi les raisons d'un tel engouement : « Les journalistes ont fait de Saint-Tropez le déversoir de tous les frustrés du plaisir, le miroir aux alouettes des gogos en quête de Dolce Vita, la terre promise des voyeurs et des exhibitionnistes. » Quelle sévérité dans ce jugement !

La corniche des Maures qui longe la côte de Saint-Tropez à Hyères reste extrêmement belle malgré la quantité de constructions qui la jalonnent. L'architecture s'est ici incorporée au paysage plutôt que de le transformer. Cette partie du littoral s'appelle très exactement la côte varoise. Elle ne fait pas partie de la Côte d'Azur. Des caps rocheux s'intercalent entre des plages de sable fin et cette alternance des reliefs donne tout son caractère à la côte en général, et aux stations balnéaires en particulier.

La presqu'île de Saint-Tropez est dominée par le petit village perché et ceint de remparts de Gassin. Garde-Freinet poste de surveillance, comme son nom l'indique, émerge d'une forêt de hêtres mais son patrimoine architectural est malheureusement assez restreint. En revanche, le passé de Grimaud s'affiche à travers les ruines imposantes de son château. Pendant longtemps, Grimaud a été la ville importante de la région, et Saint-Tropez n'en était que le port. C'est ici, à Grimaud que résidaient les familles régnantes de Grimaldi, puis de Castellane.

Le célèbre Port-Grimaud, haut lieu du Grimaud moderne, est une réplique artificielle de Saint-Tropez, avec une légère connotation vénitienne. Par contre, Cogolin est à l'opposé de sa touristique voisine. Gros village agricole et viticole, Cogolin avait également développé la culture des mûriers et l'élevage des vers à soie.

Ramatuelle, le pays natal de Gérard Philipe, est un charmant petit village, tout doré. Les maisons se serrent autour de l'église du XVIIe siècle, haut perchée. De là, on a une superbe vue sur la plaine et sur la plage de Pampelone. L'origine arabe du nom de la ville vient de ce que la population sarrasine s'était groupée dans les endroits perchés de ces massifs.

Enfin, pour qui souhaite comprendre la poésie des paysages mauresques, la montée à Notre-Dame-des-Anges s'impose. On peut de cette petite chapelle accrochée, se faire une bonne idée de l'unité géographique de cette imposante montagne des Maures.

***Pages suivantes :** Bormes-les-Mimosas semble du haut de son balcon être quelque peu détachée des joies balnéaires. Plus en retrait, elle laisse les agitations des plages à son voisin Le Lavandou, pour se réfugier derrière ces bosquets de mimosas qui lui ont donné son nom. Son histoire est riche, et son architecture de vieilles maisons concentrées autour du château des seigneurs de Fos l'atteste. Le nom des rues évoque la raideur de la pente comme celle très dangereuse de « Rompi-Cuou ».*

Ci-contre haut : *Ramatuelle est juchée sur une hauteur qui est tout le relief de la presqu'île du même nom. Elle offre une vue grandiose sur l'anse de Pampelone. Remarquablement située, Ramatuelle dut subir de nombreux assauts, et les vestiges de ses fortifications le prouvent. Pour éviter les fréquentes razzias des Maures de la Garde-Freinet, la population avait dû se réfugier dans les hauteurs. Un jour, totalement démunis et ne sachant plus comment repousser l'assaillant, les habitants de Ramatuelle eurent l'idée de bombarder du haut des remparts des essaims d'abeilles. Le refoulement fut, paraît-il, immédiat.*

Ci-contre bas : *Saint-Tropez put être ainsi décrite par Maupassant qui aimait venir s'y reposer : « C'est une de ces charmantes et simples filles de la mer, une de ces bonnes villes modestes poussées dans l'eau comme un coquillage, nourries de poissons et d'air marin, et qui produisent des matelots ». Les ressources de la petite ville ne sont plus les mêmes aujourd'hui, et ce paradis de la Côte d'Azur, mis à l'honneur par les stars, vit davantage du tourisme que des produits de la mer. Sur les quais, les cafés et les magasins ont remplacé les marchés aux poissons, tandis que les yachts ont fait migrer plus loin les chalutiers.*

Ci-dessus : *Port-Grimaud a longtemps été considéré comme une réplique artificielle de Saint-Tropez. Mais en fait, cette cité lacustre à coloration vénitienne comporte bien des attraits qui lui sont propres. Elle représente une très bonne illustration de réussite d'incorporation des données locales dans une architecture contemporaine. Et Port-Grimaud est une très agréable station qui apporte beaucoup à un site qui auparavant n'avait rien d'accueillant.*

De l'Esterel au Var

C'est la petite rivière de l'Argens qui sépare les Maures de l'Esterel. Si on a pris l'habitude de parler conjointement des deux massifs, nombreuses pourtant sont leurs différences et l'Esterel se caractérise essentiellement par les tonalités roses de sa pierre, qui, recouverte parfois d'arbres, crée des paysages très déchirés et très spectaculaires. Certains, en plus de ses reliefs déchiquetés, lui confère des « tonalités de sang et de feu ».

L'Esterel commence à Fréjus. Le Forum Julii, c'est-à-dire le marché de Jules (sous-entendu César) avait choisi de s'établir sur un plateau rocheux, en retrait de la mer et entre les deux massifs des Maures et de l'Esterel. La ville se développa et, après qu'Auguste y eut installé une importante colonie de vétérans, il y avait à Fréjus 40 000 habitants. On ne sera donc pas surpris de constater une fois de plus la richesse des ruines antiques. Arènes, théâtre, aqueduc et portes en tout genre sont les restes de cette ville romaine qui couvrait une surface d'une quarantaine d'hectares.

Pourtant, le plus impressionnant quartier de Fréjus est le quartier épiscopal. C'est un ensemble fortifié qui comprend l'un des plus anciens baptistères de France (IVe ou Ve siècle) mais aussi une cathédrale et un cloître (XIIe siècle) représentatifs du premier style gothique de Provence. En quittant Fréjus, on découvre l'aqueduc romain qui apportait à la ville les fraîches eaux captées à la Siagnole. En amont, à quelque distance du Moulin-des-Mons, on est saisi une fois de plus par les exploits des constructeurs romains qui ont su s'adapter aux exigences de la nature jusqu'à creuser des tranchées au flanc de rochers abrupts. L'une d'elles, la Roco Taiado (la roche taillée) est réellement impressionnante. Les parois se touchent pratiquement tant elles sont proches, alors que l'entaille est haute d'une dizaine de mètres.

A Saint-Raphaël, également, l'histoire tient une place importante. C'est dans ce petit port que Napoléon débarqua après sa victoire en Egypte en 1799. Mais c'est aussi là que, quinze ans plus tard, il embarqua pour l'île d'Elbe. Une pyramide commémore ces deux événements.

Mais cette bourgade de pêcheurs serait par ailleurs restée dans l'oubli si l'abondance de ses sites ne l'avait révélée au tourisme. On a retrouvé quelques vestiges romains comme une piscine sur laquelle a été construit le casino. Les colons du Forum Julii appréciaient eux aussi cette partie du littoral et ils s'étaient fait bâtir des villas.

« A partir de Fréjus », écrit le président de Brosses en 1740, « on ne fait plus que monter très haut et très rapidement. Le précipice est toujours à côté, ce qui parut excessivement mal inventé à mes camarades. Pour moi, je trouvai ce chemin le plus beau du monde. En effet, il est fait avec grand soin et tout bordé de forêts et d'arbres admirables ». La route des Adrets n'est plus la seule actuellement à longer la côte. La « Corniche d'or » relie superbement Saint-Raphaël.

Ce massif de l'Esterel, difficile à franchir, est pour une grande part constitué de porphyres. Sur les hauteurs calcaires, il existe de nombreux villages accrochés, comme Bargemon, Seillans, Fayence ou Cabris. Il ne faut pas craindre de franchir les montagnes hostiles de l'Esterel, car l'arrière-pays, moins connu des touristes, est inoubliable.

A cause de son relief très déchiqueté, cette région sauvage a été le refuge de bien des nomades, pillards ou corsaires. Il est amusant de se souvenir que la déesse Diane d'Ephèse eut un temple sur une des hauteurs de l'Esterel. Mais aucune habitation ne le bordait. Les Grecs ne se sont installés que près des terres qui étaient cultivables. Ici, ce ne sont que roc et caillasse. Le massif restera sauvage parce qu'indomptable.

Entre Saint-Raphaël et Cannes se succèdent des falaises et des criques. Agay, par exemple, est comme blottie au fond d'une rade profonde mais très peu large, bordée de hautes falaises. De la Napoule, on a une admirable vue sur la baie de Cannes et la vallée de la Siagne.

On a parlé d'éden cannois, tant cette partie de la Côte d'Azur respire la douceur et la joie de vivre. Il suffit de se renseigner sur les nombreuses fêtes qui s'y déroulent pour s'en persuader : régates en tout genre, batailles de fleurs ou fête du mimosa qui consomme à elle seule plusieurs tonnes de fleurs coupées.

On a l'impression que rien ne peut atteindre ce parfait équilibre entre la nature et une animation balnéaire qui reste raisonnable, car nulle part n'apparaît la démesure. En 1934, lord Brougham, chancelier d'Angleterre, désirait gagner Nice. Il ne put franchir le Var parce que le choléra sévissait, et que la quarantaine était obligatoire. Les hôtels d'Antibes étant pleins, l'Anglais dut se rabattre sur le village de Cannes. Il y resta trente-quatre ans et y décéda. C'est à lui que l'on doit la création de la station en tant que telle. Cannes gardera toujours son caractère résidentiel.

En 1937, les habitants de Cannes occupaient encore les hauteurs du Suquet, comme leurs ancêtres les Ligures. Il subsiste de ce premier Cannes une tour carrée, un château crénelé et une vieille ville qui étage ses toits doucement.

Le panorama qui s'ouvre de la Croisette vaut largement celui de la baie des Anges. Au fond, on devine les îles de Lérins, paradis de criques et de pinèdes. La plus brillante et la plus internationale des manifestations artistiques de la Côte d'Azur a lieu chaque année au mois de mai. Elle fait de Cannes une capitale mondiale du cinéma.

Entre Cannes et Nice, entre la Croisette et la Promenade des Anglais se tient Antibes et son cap. Antibes n'a pas de promenade bordée de palmiers. Par contre, elle garde très près de la mer des vieux quartiers qui répondent aux remparts. Ses fortifications sont dignes de rendre jalouses ses deux voisines. Le château qui aujourd'hui abrite le musée Picasso a appartenu à la famille Grimaldi. Il a été élevé au XIIe siècle sur cette plate-forme qui domine légèrement la mer. Le XVIe siècle l'a remanié tout en préservant certains éléments.

Antibes est au centre d'un complexe balnéaire qui englobe Cap d'Antibes et Juan-les-Pins. Mais le tourisme ne s'y fait pas sentir. Il n'y a que peu d'hôtels et c'est pour cette raison que le sentiment de se promener dans une ville historique n'est pas entravé.

A quelques kilomètres de Nice, Cagnes est elle aussi une ville des Grimaldi. Le Haut-de-Cagnes est dominé par le château médiéval. L'intérieur est celui d'un palais d'apparat, alors que l'extérieur présente l'austérité d'une forteresse qui a eu à se défendre. Une branche des Grimaldi resta en possession de Cagnes jusqu'à la Révolution. Le Haut-de-Cagnes domine Cagnes-ville qui est le centre d'habitation. Le Cros-de-Cagnes est le centre balnéaire. Les différents aspects de la ville sont parfaitement cloisonnés à Cagnes.

Ci-contre : *Antibes est tout à la fois une cité d'histoire et une station balnéaire. Son charme est double.*

Mer et palmiers complètent admirablement un paysage de remparts et de forteresse. Le château des Grimaldi abrite aujourd'hui le musée Picasso. Dans l'enceinte du musée, il y a cette tour carrée, entièrement construite en gros blocs, provenant de la démolition d'anciens monuments romains, dont plusieurs portent des inscriptions latines. Il domine la mer et les remparts cons-

truits sous la direction de Vauban. Pour le plus grand plaisir des visiteurs, des œuvres d'artistes contemporains sont ainsi exposées dans un cadre remarquable. Certaines sculptures sont placées pour être vues sur fond de mer.

Ci-dessus : *L'hôtel du Carlton, mondialement connu, est en plein cœur de la Croisette. Son architecture a été déterminante dans la mise au point du style des immeubles cannois. Sa large façade, on ne peut*

plus ouverte sur la mer, est cantonnée par des tourelles d'angle où éclate son nom en caractère de « feu », et ne présente pas moins de vingt fenêtres par étage. L'hôtel a été conçu en 1913, et a vu défiler de nombreuses personnalités venues du monde entier. En ce sens, il appartient à la légende cannoise. On a qualifié le Carlton de château de sucre, ou de pièce montée. Avec sa blancheur et ses moulures, il symbolise parfaitement la vie édulcorée que l'on peut avoir dans cet éden cannois.

La grève lagunaire qui n'avait pas réussi à séduire dans un premier temps lord Brougham, ne connaissait que les roseaux, d'où son nom de « Cannae ». Aujourd'hui, grâce au chancelier britannique, la Croisette constitue l'un des plus beaux fronts de mer du monde. Elle est longue de 2,5 kilomètres et relie le casino municipal au casino d'été. Ce qui contribue à rendre la promenade particulièrement agréable, c'est que le boulevard est bordé de palmiers et de fleurs. Les plages de sable fin sont un atout de la Croisette sur sa rivale niçoise, la Promenade des Anglais. D'un côté la mer et les plages, de l'autre les façades de résidences d'hôtels et de magasins de luxe, tels sont les paysages qui s'offrent à qui flâne sur la célèbre Croisette.

Nice et arrière-pays

Depuis que les Grecs de Massilia fondèrent la colonie de Nikaia, la victorieuse, Nice a toujours été une ville qui s'est développée autour de deux pôles : le port, et Cimiez au pied de la colline qui domine le Paillon. Elle avait bien la configuration typique d'une colonie hellénique, avec son port surveillé par la ville haute fortifiée. Mais, de plus, ce site lui offrait une plage, l'anse de Saint-Lambert protégée du vent d'est par Les Ponchettes.

C'est à Cimiez que les Romains s'installent, après leur victoire sur les Ligures. Cette petite ville a gardé un ravissant amphithéâtre qui est le plus petit de la Gaule romaine. Par contre, les restes des thermes sont grandioses. L'importance de ces vestiges rappelle que le fameux axe de la Via Julia qui reliait la Turbie à Vence, traversait Cimiez.

Au Ve siècle après l'invasion des Saxons, la population se réfugie sur la colline du château de Nice. Désormais, c'est là que se situera le centre de la ville. Très influencée par ses voisines italiennes, Nice s'érige en commune autonome dès le XIIe siècle : c'est le consulat. Une politique équilibrée lui permet de garder de bonnes relations avec les deux puissances portuaires dont elle est à égale distance : Gênes et Marseille.

C'est au XIVe siècle, après être passée sous la tutelle des comtes de Provence qu'elle est réunie à la Savoie. Cela lui permet, grâce au contrôle du col de Tende, de s'imposer comme métropole maritime et commerciale.

Jusqu'au XVIIe siècle, tous les conflits européens eurent ici un retentissement particulier. Cela s'explique par la position stratégique de cette ville frontière. En 1705, le château est rasé. Nice perd définitivement sa situation de place forte. Elle devient peu à peu une ville pacifique, ouverte aux étrangers. L'aristocratie étrangère commence à apprécier la douceur de son climat.

Vers 1830, une centaine de familles anglaises sont installées à Nice. Pour elles, le révérend Lewys Way fait aménager un chemin le long de la côte qui deviendra la Promenade des Anglais. La communauté russe, importante elle aussi, voit s'édifier dans le quartier Saint-Philippe, la cathédrale. Ce tourisme « de qualité » se maintient durant tout le XIXe siècle. Par contre, il ne survit pas à la Première Guerre mondiale. Peu lui importe, Nice sait alors renouveler et développer ses activités au point d'occuper aujourd'hui la place de la cinquième ville de France.

Un des points de vue d'où l'on peut le mieux découvrir le panorama niçois, est le château. D'un côté s'offrent la baie des Anges, la vieille ville et la ville moderne bordée de jardins et de collines. De l'autre, s'étendent le port, les bois du mont Boron et les montagnes qui dominent la corniche. Le château, à l'histoire mouvementée, surplombe la vieille ville.

S'il y a bien une architecture propre au pays niçois, c'est tout naturellement à Nice qu'il faut la chercher. Les maisons roses ou grises ne sont pas sans rappeler les palais de la Riviera italienne. Les rues sont toujours animées et même bruyantes. Elles sont étroites et dallées soit de pierres, soit de briques.

Le somptueux palais des Lascaris, construit au XVIIᵉ siècle, rivalise avec l'ancien palais royal devenu palais de la préfecture, pour la plus belle architecture. Non loin, les édifices religieux sont également fort bien représentés par la très italienne église du Gesu. Mais civils ou religieux, les monuments qui méritent une visite sont trop nombreux pour être cités ici.

C'est sur le cours Saleya que se tient le si fameux marché aux fleurs anciennement réservé aux grossistes. Si ce dernier a quelque peu perdu de son importance et de son animation, à cause de l'industrialisation, il est encore très pittoresque et très coloré. Les ruelles qui le desservent apparaissent sombres et les façades semblent noires, comparées aux placettes qui éclatent sous le soleil. Comme dans tout le pays méditerranéen, les lessives étendues deviennent d'agréables taches de couleur. Ce qui a changé le visage de l'ancienne Nice, c'est la construction de nombreux immeubles modernes. On peut regretter que certains d'entre eux se raccordent mal avec les façades tarabiscotées des villas de la belle époque. Mais Nice a préféré devenir une grande ville plutôt que de rester un lieu de villégiature et ce choix est parfaitement lisible dans son urbanisme. Car Nice, c'est aussi une ville de résidence, un centre d'affaires et une métropole scientifique et universitaire.

Le charme de Vence vient en partie du fait que la ville est adossée au Baou-des-Blancs. Cerné par les vallées de la Lubiane et du Malvan, ce site est remarquable. Les troubadours qui l'ont chantée la considéraient comme la limite de la Provence.

Mais Vence est également une noble cité au passé lourd d'anecdotes. Roméo de Villeneuve et Godeau, l'évêque de Grasse, ont vécu ici, au milieu des jardins et des orangers. Godeau écrivit des vers, peut-être inspiré par ce paysage sur la campagne que l'on découvre des remparts.

La cathédrale parachève l'étagement de la petite ville. Elle n'est sans doute pas très belle, mais ce n'est pas une raison pour la faire sauter, ce qui faillit lui arriver le jour où certains avaient réussi à placer sous le siège d'un chanoine irascible un baril de poudre ! La mèche ne brûla pas. Privée de sa tour, Vence aurait-elle gardé ce pittoresque qu'aucun autre village de la région ne peut se vanter d'avoir ?

Saint-Paul-de-Vence, sa voisine, se présente telle une pyramide terminée par un clocher. Le poète et peintre Verdet la comparait à un bateau qui « parmi les vagues pétrifiées en collines et vallons, navigue de haut bord vers les montagnes, poupe tournée vers le nord... ».

Saint-Paul et Vence, proches par bien des aspects, sont en fait complémentaires. Rivales politiques par le passé, elles se disputent aujourd'hui la primeur touristique. Et Saint-Paul possède un avantage par les orientations artistiques qu'elle a su prendre.

Au lendemain de la guerre, un grand nombre d'artistes vinrent y chercher l'inspiration. Signac, Marquet, Dufy, Soutine, Modigliani séjournèrent à Saint-Paul. Plus tard, après la Seconde Guerre mondiale, Picasso, Léger, Miro, Chagall perpétuent le voyage à Saint-Paul. Matisse se joint à eux en voisin.

Pages suivantes : Dans le premier quart du XIXᵉ siècle, les vacanciers britanniques, attirés par le climat, commencèrent à former à Nice une communauté importante. Ils s'installèrent en dehors de la vieille ville, à l'ouest du Paillon dans un quartier moderne. Ainsi, ils créaient la fameuse Promenade-des-Anglais, qui à cette époque n'était qu'un sentier à chèvres longeant la mer. En 1920, les orangers de l'arrière-pays gelèrent et une importante main-d'œuvre arriva à Nice. C'est pour l'occuper que le réaménagement du chemin de la côte fut entrepris. Le prix du terrain fut ensuite multiplié par 35. Cette allée bordée de palmiers est aujourd'hui l'un des symboles les plus évocateurs de toute la Côte d'Azur.

121

Ci-dessus : C'est parce que son père tenait une buvette à Bucarest, qu'Henri Negresco eut l'idée de devenir maître d'hôtel. Mais comme il était ambitieux, il choisit d'être celui de la richissime clientèle de la Côte d'Azur. Celle-ci qui commençait à envahir les lieux, ne savait pas forcément où se loger. Ce palace modèle de la Promenade-des-Anglais fut inauguré en 1912. Après un très grand succès, le Negresco faillit succomber, suite à la guerre. Il faillit être vendu en apparte-ments. C'est Paul Augier qui le sauva en investissant pour le moderniser et pour le décorer d'une manière on ne peut plus agréable. Les 196 chambres ont toutes un décor différent.

Ci-contre : Sur l'ensemble du littoral de la Côte d'Azur, la forte clientèle de vacanciers a fait que l'hôtellerie s'est considérablement développée, au point qu'un style d'architecture particulier a été mis au point. L'architecture intérieure et la décoration ont suivi un chemin analogue. C'est surtout avant la Première Guerre mondiale qu'hôtels et villas se construisent dans des emplacements des plus agréables. Ce style doit quelque chose aux établissements coloniaux, sans doute à cause du climat. De gigantesques ensembles d'une blancheur immaculée, au décor souvent prétentieux, fleurissent un peu partout. Les architectes doivent tenir compte du très grand nombre d'ouvertures qui est nécessaire pour que chaque chambre ait « vue sur la mer ».

Capitale de la Côte d'Azur, Nice est aussi une capitale de la fête et la réputation de la ville en la matière n'est plus à faire. Une fois par an, chars et masques gigantesques envahissent la vieille ville et défilent dans les rues. Le très fameux « Carnaval de Nice », inauguré ou renouvelé en 1878 n'a rien perdu de ses traditions et il apparaît toujours comme le clou de la saison.

Ci-contre : Au centre d'une petite place triangulaire, la célèbre fontaine de Saint-Paul chante sans se lasser. Sa forme est celle d'une urne. Saint-Paul, malgré son succès, sait rester un village. Son pittoresque vient de ses vieilles maisons qui ont été très heureusement restaurées. Toute tentation de sophistication a été écartée pour le plus grand plaisir de l'œil.

Ci-contre : *Cette façade est l'une de celles qui bordent la place de l'Ile-de-Beauté, qui est cantonnée au fond du port de Nice. L'architecture de cette place s'est faite un peu au hasard et la rencontre de crépis de couleurs légèrement différentes donne un charme très niçois à la place. Un entablement décoré de triglyphes sépare la colonnade de pierres blanches des étages. Un balcon en avancée constitue l'élément central de la façade, qui n'est en dehors de cet endroit que légèrement ornée de stucs. L'enduit, inspiré des crépis toscans, est fait à base des sables de la région et c'est ce qui explique leur coloration rosâtre que l'on retrouve à quelques variantes près dans l'ensemble du pays niçois.*

Ci-dessous : *C'est là une vision peu habituelle que celle qui présente la capitale de la Côte d'Azur, ensoleillée, bien sûr, mais sous la neige. Les toits plats semblent encombrés par cet élément pour lequel ils n'ont pas été conçus. Le cours Saleya, qui constituait une des promenades élégantes de Nice, est devenu un quartier plus populaire. Le marché aux fleurs a dû quitter les lieux, en raison des travaux. Il se tient actuellement autour de l'Opéra. On voit bien ici tout le pouvoir de séduction de cette architecture niçoise, qui aligne ses hautes façades roses aux fenêtres à jalousies de bois. A côté, c'est tout le raffinement d'une façade des plus baroques. La façade de la chapelle de la Miséricorde cherche l'arrondi à tous les niveaux, qu'il s'agisse des guirlandes, des ouvertures ou même de la ligne de façade qui est courbe.*

Pages suivantes : *L'antique Vintium fut promue au rang de « cité romaine » par Auguste. Au IVe siècle, elle devint un siège épiscopal nommé Vence. Aujourd'hui elle conserve à l'abri de son enceinte médiévale des lieux d'un calme exquis. Vence, adossée au Baou, semble posée sur un éperon que cernent deux ravins. L'ovale de ses remparts est parfait. De loin, on a cette vision d'une ville rose qui surgit des vallons. La couleur de la ville vient tout autant des tuiles que de l'harmonieuse gamme des pierres et des enduits.*

La Riviera

Ce que l'on appelle la Riviera française est la partie de la Côte d'Azur qui relie Nice à la frontière italienne. Ce nom vient bien sûr d'Italie et la Riviera française est la petite sœur de sa voisine transalpine.

En France, les Alpes de l'Ouest s'achèvent en un adret qui s'étend sur une trentaine de kilomètres. Le relief en est si vigoureux que la montagne semble plonger dans la mer. A cet endroit, c'est-à-dire du mont Leuze au mont Agel surplombant Monaco, la barrière rocheuse n'est traversée d'aucune vallée. Le littoral est uniquement constitué de ces bandes superposées de calcaire blanc ou gris, qui se jettent dans les fonds marins.

C'est bien ce très imposant relief qui donne à la Riviera française son incomparable beauté. Tous ces paysages sont réellement grandioses et le succès touristique de la région, comme le grand nombre de villas, l'attestent.

Malgré l'hostilité du relief, les voies de communication reliant Nice à la frontière sont nombreuses. La Grande-Corniche a été construite sous Napoléon. Elle reprend en partie la voie aurélienne qui s'élève progressivement sur les sommets de La Turbie. Comme la voie romaine, la route napoléonienne est bombée et dallée.

La vue que l'on découvre de la corniche supérieure de Monaco est magnifique, et l'on comprend que le choix des Romains se soit porté sur ce point culminant pour édifier l'un de leurs plus monumentaux trophées. La rotonde de la Turbie commémore aussi superbement que définitivement la victoire romaine sur les Ligures. Ce nom de turbie vient du latin « tropaea » qui signifie trophée.

Mais la Turbie a malheureusement été en partie détruite pour servir à d'autres constructions. Ces réutilisations des éléments de vestiges romains, presque systématiques, sont comme une rançon de succès, comme un hommage tardif rendu à leur talent de constructeurs.

Il existe également le long de la Riviera la Moyenne Corniche, ainsi que la Corniche-du-Littoral. Compte tenu du développement touristique, il a bien fallu aménager la montagne, et ce sont trois routes parallèles qui mènent de Nice à Menton.

Au cœur géographique, touristique, économique de la Riviera domine la cité des Grimaldi. La principauté est un Etat souverain, une monarchie constitutionnelle. L'origine de Monaco est très ancienne. Il faut y voir, une fois encore, une raison géographique. Son site est remarquable, esthétiquement bien sûr, mais aussi stratégiquement. En effet, un rocher presque détaché du continent, et par là facile à défendre, protège une anse naturelle.

Il y eut toujours, et ce, depuis les Phéniciens, premiers occupants du rocher, une forteresse sur la hauteur. Mais c'est en 1297 que la place forte entre en possession de la famille génoise des Grimaldi. C'est déguisés en capucins et en demandant l'hospitalité que François Grimaldi et ses hommes réussirent à se rendre maîtres de la forteresse.

Pendant dix siècles, Monaco oscillera entre Gênes, la Savoie, l'Espagne et la France. Au XIXe siècle, les deux villes de Roquebrune et de Menton sont détachées de la principauté. Monaco, qui vivait économiquement grâce à elles, doit trouver d'autres subsides. La princesse Caroline, face à une population qui refuse de travailler, essaie mais sans succès, de créer des banques et d'orienter la ville vers la production de parfums. C'est un échec.

C'est au tourisme que Monaco doit son salut. Quelque temps plus tard, Charles III qui cherchait lui aussi une solution économique pour sa ville, envoya son conseiller Eynaud à Baden-Baden afin de s'inspirer des méthodes touristiques allemandes. Il s'agissait, non seulement d'attirer de riches familles par le cadre naturel de la principauté mais encore de retenir une partie de leurs biens par le jeu. Le premier casino fut ouvert en 1856 sur le plateau de Mont-Charles, en italien Monte-Carlo. Les locaux étaient alors ceux d'une simple villa louée à cet effet.

Grâce à cela, la ville s'est tellement développée qu'il a fallu empiéter sur la mer pour étendre la surface « constructible ». Si aujourd'hui plus de 23 000 personnes habitent sur le sol monégasque, 3 500 seulement bénéficient du réel privilège qui dispense des contributions.

L'autre ville « phare » de cette Riviera, c'est Menton. Le charme de Menton, outre l'harmonie de la montagne et de la mer commune à l'ensemble du littoral, vient du fait que la petite ville a fort bien su se préserver des excès du béton. C'est parce que Menton est la station la plus abritée de la côte qu'il s'y est développé la culture des citronniers et des orangers, parallèlement à celle des oliviers. La fête des citrons a toujours lieu le Mardi gras. Des chars décorés d'oranges et de citrons défilent dans toute la ville.

Le vieux Menton occupe totalement une sorte de butte de grès. En ce sens, Menton est un peu un village perché comme tous ceux qui s'accrochent sur les pitons rocheux de l'arrière-pays. Sainte-Agnès est l'un de ces ravissants hameaux. Les maisons aux pierres non enduites se serrent autour de l'église. Sainte-Agnès est loin d'être un exemple isolé : Gorbio, Castellar, Peille, Peillon et bien d'autres encore sont d'anciennes bourgades remarquablement situées. Elles ont gardé énormément de cachet.

Si l'un parmi tous ces villages mérite bien le nom de nid d'aigle, c'est, à l'ouest de Monaco, celui d'Eze. Légèrement en retrait de la côte, le site est à mi-chemin du Cap-Roux et de la pointe de Cabuel. De toute la France, c'est le plus haut village perché au-dessus de la mer, avec ses 427 mètres d'altitude. Eze possède un château féodal qui n'est plus qu'un tas de ruines. Mais le panorama que l'on a du château était jugé comme « le plus beau, le plus complet et le mieux composé » par George Sand.

Ci-dessus : *La Provence vu son relief riche en promontoires, pitons et hauteurs diverses, comporte énormément de « villages accrochés ». L'arrière-pays de la Riviera ne fait pas exception à la règle provençale. S'il est courant de découvrir dans ces paysages des pics surmontés d'une tour plus ou moins en ruine, on peut se demander quelle est la vision de ces donjons qui est offerte de l'intérieur. Côté village, la roche est là aussi à nu et elle se mêle à la pierre, s'en distinguant difficilement tant leurs blondeurs sont proches. Pour peu que quelques taches de fleurs*

viennent raviver le tout, le tableau est parfait, et il nous prend une petite envie d'habiter ce pays de soleil.

Ci-dessus, dr. : *Avec les temps modernes, c'est-à-dire après la pacification, l'architecture militaire devient l'affaire du roi. La défense des frontières appartient à la couronne. La Côte d'Azur doit se fortifier pour faire face aux assaillants éventuels. Pour beaucoup d'ennemis de la France, la Méditerranée est une façon relativement commode de pénétrer dans le territoire. Les grandes villes du littoral se couvrent de*

fortifications diverses. Pour s'adapter aux armes à feu, les courtines
deviennent moins hautes et plus
larges, tandis que les tours se trans-
forment en bastions. Aujourd'hui,
ces forts constituent un cadre de
baignade des plus agréables. A
l'inverse, vus de l'intérieur, ils tran-
chent admirablement sur la mer.

Pages suivantes : Si Monaco
est devenue une station balnéaire peu
commune, c'est grâce au dynamisme
de la famille Grimaldi qui a réussi
à préserver son autonomie politique
et à faire de son état-opérette un

véritable coffre-fort. La fantastique
renommée qu'elle a su conférer à son
casino y a largement contribué.

Mais les souverains ne se sont
tournés vers les jeux que parce qu'il
leur fallait trouver une source de
revenus supplémentaires. Cependant
le jeu n'aurait pas suffi à retenir
une clientèle argentée, si par ailleurs
Monaco n'avait été située dans un
cadre splendide. La ville a longtemps souffert de cette protection par
un écran rocheux, esthétique, certes,
mais peu pratique. Elle est restée
très isolée parce que pratiquement
inaccessible si ce n'est par la mer.

Grasse

Située dans une zone touristique frontalière entre la Provence et la Côte d'Azur, Grasse est un peu le parent pauvre du Midi, l'étape oubliée. Et pourtant, il faut aller à Grasse, s'y arrêter et s'émerveiller. Ses jardins étagés, sa vieille ville aux maisons de quatre ou cinq étages, ses ruelles tortueuses parfois terminées par un escalier, forment un ensemble des plus charmants et des plus pittoresques.

Il faut aller à Grasse parce que cet arrière-pays, dont on parle à Nice sans trop l'explorer, est vert, frais et agréablement vallonné. On gagne Grasse, soit en « remontant » de Cannes, soit en « descendant » la route Napoléon. C'est une ville de création relativement récente. Sa fondation remonte au VIIe siècle, époque où des familles fuyant les envahisseurs se fixèrent près de la source de La Foux. Trouvant cette terre grasse et fertile, ils lui rendirent hommage en l'appelant ainsi.

La vieille ville, c'est d'abord le cours. Des platanes ont remplacé les micocouliers d'origine, mais la promenade, ombragée, est toujours aussi agréable. Peut-être à cause de la merveilleuse vue qui s'offre au regard entre deux arbres : la campagne semble onduler jusqu'à la mer. Construit en terrasses, le cours dévoile le promontoire où trône l'imposante cathédrale.

L'église-cathédrale constitue un des fleurons les plus remarquables de l'arrière-pays niçois. Son nom, Notre-Dame-du-Puy rappelle sa fonction défensive. Par puy, il faut comprendre (du latin « padio ») promontoire. Grasse obéit à la règle qui exige la présence d'une hauteur pour dresser église et château fort.

Ce que l'on retiendra ici des tâtonnements du gothique provençal, c'est la massivité, la forme typique du clocher ou les arcatures aveugles à la lombarde. Jouxtant la cathédrale, l'hôtel de ville n'est autre que le palais épiscopal qui conserve malgré de nombreux remaniements l'essentiel de son caractère médiéval.

Autre époque à avoir laissé son empreinte, le XVIIIe siècle. C'est Louise de Mirabeau qui fit construire à la fin de ce siècle, l'hôtel de Cabris, souvent comparé au Petit-Trianon. Parce que la marquise ne s'entendait pas avec sa mère, elle avait fait en sorte que la nouvelle demeure dissimule le plus possible la vue à l'hôtel familial voisin. C'est pour la même raison qu'elle aurait fait sculpter une méduse au-dessus de la porte d'entrée.

Cette curieuse famille devait se défendre d'une solide réputation. Le révolutionnaire avait, paraît-il, pour frère un ivrogne surnommé Mirabeau-tonneau, pour sœur une Messaline, et pour beau-frère un des plus égrillards représentants de la littérature érotique. L'hôtel connut plus de scènes orageuses que de somptueuses fêtes, en fonction desquelles, pourtant, son décor avait été conçu.

La marquise termina sa vie passablement endettée. Pour subsister, elle en fut réduite à tenir une boutique de mode à Nice. L'hôtel tomba en décrépitude. Avant d'être intégré par le musée d'art et d'histoire de la Provence, il fut loué à... un parfumeur.

L'autre enfant du pays, plus illustre et plus calme, c'est le peintre Fragonard. Il travailla dans les ateliers de Boucher et de Chardin avant de voler de ses propres ailes. Il se spécialisa dans les tableaux galants, « frémissants d'un soupçon d'indépendance ». Son succès et sa réussite furent fulgurants. On a suggéré que les roses et le ciel de Grasse alliés aux belles dames qui fréquentaient le magasin de son père, tanneur-gantier, avaient eu une influence sur son art.

Il ne faut pas croire que Grasse, à laquelle Fragonard préféra Paris, et qui aujourd'hui encore, attire relativement peu de touristes par rapport à ce qu'elle serait en droit d'escompter, ne fut jamais appréciée à sa juste valeur. Pauline Borghèse, par exemple, trouva la petite ville et ses environs très à son goût.

Séparée de son époux, en désaccord avec son illustre frère, elle vint ici par diversion à ses contrariétés familiales. Elle y vint aussi pour le « bon air ». Pour Grasse, ce fut une consécration. C'était un hommage rendu à la fois à son site et aux vertus de son climat. On eut tant de plaisir à la recevoir, que la municipalité, par égard pour son repos, dispensa le sonneur de se servir des cloches.

Ce séjour princier porta ses fruits. Quelque temps plus tard, les Rothschild achetèrent une immense propriété au flanc de la colline. On peut toujours admirer, du dernier coude de la route Napoléon, le pavillon de thé au toit de tuiles vernissées, jaunes et bleues.

Une autre personnalité de premier plan savoura elle aussi les charmes de la cité des fleurs : la reine Victoria. A la fin du XIXe siècle, elle y passa plusieurs fois l'hiver soit au Grand-Hôtel, soit chez les Rothschild. Cette présence royale contribua à attirer un nombre important d'Anglais qui finirent par former une colonie suffisamment grande pour être desservie par une chapelle anglicane.

Le mouvement était lancé ; les hôtes de marque se succédèrent alors. De tous les continents, on convergeait vers Grasse, qui devint le haut-lieu touristique à la mode. Des villas et des châteaux se dressèrent un peu partout. La station devint somptueuse. Il n'est pour s'en convaincre que de s'arrêter devant la demeure de rêve du sénateur-parfumeur Charabot. Mais ce tourisme de luxe ne survivra pas à la Seconde Guerre.

L'acteur Gérard Philipe vécut une partie de sa jeunesse à Grasse. « L'enfant de lumière » fut remarqué, lors d'une fête de charité par une sociétaire de la Comédie-Française qui l'incita à se présenter aux studios niçois de la Victorine. Ainsi commença sa carrière.

Plus encore qu'au titre de station climatique, c'est à celui de capitale des parfums que Grasse doit sa renommée internationale. C'est parce qu'à la fin du XVIe siècle une mode répandue par les Médicis voulut que gants et pourpoints fussent parfumés, que Grasse, ville de tanneurs-gantiers, s'orienta dans cette production de parfums.

Aujourd'hui, les trois-quarts des parfums qui sont vendus dans le monde utilisent des essences provenant d'ici. Chaque année plus de dix mille tonnes de fleurs sont traitées. La production locale est augmentée de la lavande de toute la Provence.

Ci-contre : *Grasse, aux yeux du monde, c'est avant tout la capitale de la parfumerie, la cité des fleurs par excellence ou le jardin de la Provence. C'est parce que la mode fut lancée de parfumer gants et pourpoints, que la petite ville, jusqu'alors spécialisée dans le cuir, se lança dans la production des essences de fleurs. Ces essences sont aujourd'hui peu utilisées sur place, et Grasse ne produit plus de par-*

fums à proprement parler. Par contre, peu de parfums n'utilisent pas d'essences de Grasse. Cette industrie du traitement des fleurs est impressionnante. Il ne faut pas moins d'une tonne de jasmin pour recueillir 3 kilogrammes de « concrète », ce résidu obtenu après l'action d'un solvant et constitué de cire parfumée. C'est de ces concrètes que sont extraites les essences.

Ci-dessus : *La vieille ville de Grasse, relativement épargnée par les débordements du tourisme, a su garder tout son pittoresque. Elle se présente encore comme on pouvait la découvrir il y a deux cents ans. La cathédrale est d'une élégante austérité. Mais surtout, Grasse, du fond de ses hauteurs ondulées, offre un des plus beaux panoramas de la côte entre Saint-Tropez et Menton. On comprend que dès le XIXe siècle, ce* ne soit pas seulement son climat, le plus agréable d'Europe, comme on disait alors, qui ait attiré une très illustre clientèle de vacanciers. Pauline Borghèse et la reine Victoria ont eu pour Grasse un coup de foudre très compréhensible.

La route Napoléon

Ce que l'on appelle aujourd'hui la « Route Napoléon » n'est pas exactement celle qu'emprunta l'empereur lorsqu'il revint d'exil. Aujourd'hui, c'est la route nationale 85 qui relie Nice à Digne. Pour reprendre exactement le chemin de Napoléon, il faut s'en éloigner entre le petit village de Barrême et Digne.

La véritable « Route Napoléon » permet de découvrir des paysages encore plus attachants. L'empereur la choisit justement parce qu'elle était en retrait des grands axes de communication. C'est le 1er mars 1815 que l'exilé de l'île d'Elbe débarqua à Golfe-Juan. Il lui fallait alors en compagnie de quelques hommes dont Bertrand, Drouet et Cambronne gagner Grenoble puis la capitale pour reconquérir le pouvoir. Dans un premier temps, il avait espéré pouvoir remonter la Provence le long de la vallée du Rhône. Mais les ralliements prévus n'étant pas au rendez-vous, il dut se résoudre à emprunter un itinéraire plus discret, au travers des Alpes.

Le lendemain de son débarquement, il était à Castellane. Le surlendemain, il gagnait Barrême. Duval, le préfet des Basses-Alpes (comme s'appelait alors le département), apprit que l'empereur s'était évadé, mais il ne répandit la nouvelle que plus tard. Il aurait très bien pu le stopper avant qu'il ne s'avance plus avant ! Le 1er mars, Napoléon et ses hommes déjeunaient à Digne.

Il existe deux versions de l'épisode de l'or qui fut perdu. L'une raconte qu'un mulet qui transportait une caisse d'or glissa sur un sentier escarpé et roula au fond d'un ravin. Pour l'autre, il s'agissait d'un simple sac de tissu, et le mulet qui le portait en passant trop près de la paroi rocheuse, le déchira, laissant échapper l'or.

L'épisode, quelle que soit sa version, montre bien que l'ascension était ardue. Mais la reprise du pouvoir était au bout ! Le choix de cet itinéraire peu aisé, est tout autant celui d'un militaire habitué à paraître là où personne ne l'attendait, que celui d'un évadé qui recherchait un maximum de discrétion. Mais c'est aussi celui d'un Corse connaissant bien la montagne et les maquis. Napoléon était du reste déjà venu à Castellane en 1795.

Tandis que l'ancien maître de l'Europe, ce jour simple proscrit, se reposait, le général Cambronne parvenait à joindre Sisteron avec un détachement, en traversant le pont qui, par une chance extrême, n'était pas gardé. Il s'agissait du seul passage délicat, et là encore, la chance était bonapartiste. Un simple cordon de troupes placé à cet endroit eût changé sinon la face du monde, du moins les ambitions de Napoléon. Après avoir gagné Sisteron, où il ne restera qu'une heure, l'empereur poursuivit la route à laquelle il a donné son nom, en direction de Gap. C'est à Sisteron que s'achève l'épisode bas-alpin de l'excursion impériale.

Castellane est placée au cœur d'une cuvette, entièrement cernée de montagnes, que seul le Verdon réussit à traverser. En fait, la ville est adossée à un grand roc qui la domine : il s'agit de Notre-Dame-du-Roc. A l'origine, il y avait ici une cité romaine, Salinae, qui devait son nom aux deux sources salées qu'elle exploitait.

Toits de tuile rose, forteresse médiévale, église du XIIe siècle, ainsi pourrait se définir la petite ville, mais ce serait oublier l'histoire. Boniface de Castellane fut le dernier baron libre à se soulever contre les comtes de Provence. La famille de Castellane s'est ainsi toujours distinguée dans l'histoire de la région, comme les habitants tiennent fièrement à le rappeler grâce à un obélisque commémoratif.

La ville de Digne s'est développée autour de la colline du Rochas qui domine le confluent de deux petits cours d'eau. Dès le Moyen Age, comme dans beaucoup de ces bourgades de pays montagneux, deux centres se font jour : le bourg, dans la plaine et le château, domaine réservé des seigneurs sur les hauteurs. En cas de guerre, la population se réfugiait dans la forteresse du seigneur qui lui devait protection. On a souvent trop tendance à oublier que si le paysan travaillait durement pour son maître, en échange celui-ci lui assurait une garantie militaire. Et les guerres entre suzerains étaient fréquentes.

On ne peut parler de Digne sans évoquer l'enfant du pays, Gassendi, ne serait-ce que parce que l'artère principale porte son nom. A ce nom s'attache une tentative de conciliation du christianisme et de l'épicurisme. Plus précisément, ce théologien, grande figure de son époque, a essayé d'adapter la théorie épicurienne, basée sur le plaisir, au christianisme.

Sisteron est bien un site pittoresque par excellence. Comment ne pas être impressionné par ce véritable pli de la montagne qui s'impose aussi fortement au-dessus de la Durance élargie ? On a parlé de mille-feuille géant de calcaire. La lame de calcaire a été comme sciée par le fleuve.

De l'autre côté, c'est une vraie réplique d'acropole grecque qui répond à la nature. La ville haute occupe le plateau de la colline et la cité basse, au bord de l'eau, étale ses toits de tuile rose terminant d'étroites façades. De tout temps, les hommes ont fortifié ce passage obligé entre le Dauphiné et la Provence. Il s'agit bien d'un verrou, au sens où l'entendent les géographes, c'est-à-dire qu'il verrouille deux pays tant la végétation et le climat sont différents de part et d'autre. Comme le défilé de Donzère ou le col du Rousset, il est une porte naturelle de la Provence. C'est aussi un passage vers l'Italie.

Comme si l'étroitesse était de rigueur à Sisteron, les ruelles sont si peu larges, parfois, qu'un seul homme peut y marcher de front. On appelle ses petites rues des andrones. La citadelle est un puissant édifice militaire qui a su profiter des avantages de la topographie. En effet, l'architecte s'est contenté de recouvrir une crête calcaire extrêmement escarpée. Par contre, il a dû se résoudre à construire des arcades du côté de la ville. Il s'agit de la première utilisation en France de forteresse bastionnée. Il n'en fallait pas moins pour protéger ce verrou de la Durance, tellement stratégique. Le site a d'ailleurs été considérablement endommagé au cours des bombardements de 1919.

C'est donc par là que Napoléon quitta la Provence pour gagner Grenoble. Il eut la chance de ne pas être « verrouillé » à Sisteron, alors que ses ennemis, s'ils avaient été informés, auraient fort aisément pu s'éviter l'épisode des Cent-Jours.

Ci-contre : Napoléon, lorsqu'il emprunta la route de Grasse, ne prit certainement pas le temps de contempler les gorges du Loup. Il ne put admirer la manière dont le torrent a ici entaillé la roche pour former un canyon des plus grandioses. Les gorges sont profondes de 600 à 700 mètres. Aujourd'hui, on a du mal à imaginer que ce petit cours d'eau ait pu sculpter si puissamment le calcaire. La taille du lit paraît disproportionnée, par rapport à la hauteur des falaises. C'est bien de gorges qu'il s'agit, tant la faille est haute par rapport à sa largeur.

Page ci-contre : Sisteron, le verrou de la Durance, est l'une des portes ou l'une des sorties de la Provence. Pour Napoléon, ce fut une porte de sortie. C'est en effet là que prit fin l'épisode provençal de sa remontée vers la capitale. L'aigle (selon ses propres mots) devait voler de clocher en clocher jusqu'à Notre-Dame. Et pourtant, il aurait été facile de l'arrêter en ce passage obligé, si le pont de Sisteron avait été gardé. Par chance, il ne l'était pas ; mais de la garde d'un simple pont, dépendirent cent jours de l'histoire de France. Le 5 mars 1815, l'empereur put gagner Sisteron, grâce au général Cambronne qui avait été envoyé en éclaireur. Il ne restera qu'une heure dans la ville, à l'hôtel du Bras d'Or. Seules, deux ouvrières l'accueillirent en lui offrant un drapeau tricolore !

Les Gorges du Verdon

S'il est une excursion qu'il ne faut absolument pas omettre, c'est bien celle des gorges du Verdon. Nul ne contestera leur féerie. Laissons Jean Giono nous en expliquer le pourquoi : « Rien n'est plus romantique que le mélange de ces rochers et de ces abîmes, de ces eaux vertes et de ces ombres pourpres, de ce ciel semblable à la mer homérique et de ce vent qui parle avec la voix des dieux morts. »

Par sa longueur, le Grand Verdon laisse loin derrière lui les gorges du Tarn, moins étroites, moins sauvages et surtout moins diversifiées. Ainsi, pour le comparer, il ne faut pas moins que se référer aux canyons américains. En Europe, nul ne l'égale. De plus, son aménagement est tel qu'aucun de ses aspects les plus impressionnants n'échappe au regard.

Le Verdon tire son nom de la couleur vert turquoise de ses eaux. Né au sein d'un profond berceau, situé au pied du mont des Trois-Evêchés, il se jette, après une course de 200 kilomètres, dans la Durance. Le Grand Canyon n'est que le dixième du cours de la petite rivière, mais il est de loin le plus spectaculaire. Du pont de Soleils au lac artificiel de Sainte-Croix, les gorges offrent vingt kilomètres d'enchantement.

C'est E.-A. Martel, le fondateur de la spéléologie, qui, pour la première fois en 1905, explora totalement le canyon en effectuant une première descente qui dura trois jours. Evoquant la profondeur de cet immense puits naturel, il disait : « c'est presque la nuit dans la prison d'eau qui mugit, spectacle effarant, inimaginable. »

Il y a trois manières d'aborder cette formidable et majestueuse entaille dans la roche. On peut, soit emprunter la route de la Corniche, au sud du canyon, soit longer la rive droite en contournant le ravin de Main-Morte. Une troisième possibilité, plus sportive, mais tout aussi spectaculaire, si ce n'est plus, consiste à explorer le Verdon par le fond.

La route de la Corniche Sublime est fort bien baptisée. Elle permet de découvrir de remarquables vues plongeantes car elle est taillée directement dans le roc et elle suit ainsi au plus près le bord de la falaise. Les touristes sujets au vertige sont obligés de s'abstenir. Les deux balcons de la Mescla permettent de voir 250 mètres plus bas cette « mêlée des eaux » où confluent le petit fleuve de l'Artuby et le Verdon. C'est à cet endroit précisément que le Verdon perd son orientation nord-sud pour devenir est-ouest.

Le pont de l'Artuby, très impressionnant, franchit le cours d'une arche de 110 mètres de portée. C'est le passage obligatoire pour rejoindre la falaise des Cavaliers. L'Etroit-des-Cavaliers, comme on l'appelle, est la partie la plus resserrée de la faille, au fond de laquelle, à plus de 600 mètres, serpente le Verdon.

Plus loin, au cirque de Vaumale, la rivière change à nouveau de direction. A chaque virage, on découvre un nouveau paysage qui ne peut que ravir. La route finit par descendre sur le village d'Aiguines, à la sortie duquel se dresse, isolé sur un monticule, un grand château carré couvert de tuiles vernissées. Comme si la nature n'y suffisait pas, il a fallu que la main de l'homme vienne encore embellir ce superbe site qui n'en avait nul besoin.

La route qui longe la rive droite du Verdon dévoile d'autres aspects du Grand Canyon, et les deux itinéraires ne s'excluent aucunement. Il est conseillé de découvrir la Corniche Sublime avant midi ; par contre, il serait dommage d'effectuer le trajet inverse à un autre moment que l'après-midi, à l'heure où l'éclairage se fait caressant et où la lumière est si belle.

Pour être complète, une excursion sur la rive droite doit passer par le chalet de la Malines, puis suivre la corniche des Crêtes pour se terminer au Point Sublime. Les différents balcons aménagés (qui portent les noms des plus célèbres spéléologues) permettent, non seulement d'apercevoir le Verdon 800 mètres plus bas, mais encore de découvrir un ensemble grandiose de croupes, de falaises et de sites. Là encore, le trajet se termine au petit village de Rougon dominé par les ruines d'un château féodal.

Mais pour avoir les sensations les plus fortes, c'est par le fond qu'il faut explorer le Verdon. La hauteur vertigineuse des falaises s'appréhende de manière encore plus saisissante. Les tourbillons et les rapides, l'énormité des éboulis ou la découverte des grottes en font une véritable terre d'aventure.

Cette aventure, on peut la vivre au choix, à pied, à la nage, ou bien sûr en kayak. Par sa configuration, par son débit, le Verdon est devenu un lieu d'exercice privilégié pour les adeptes de ce sport.

Le Petit Canyon conduit à l'entrée du Grand Canyon qui est obstrué par un énorme bloc. Ce bloc ferme le couloir de Samson, défilé extrêmement étroit aux parois abruptes. Plus loin, l'imposante Baume-des-Pigeons présente une immense voûte en cul-de-four.

Le Verdon se répand ensuite en un bassin dans une verdoyante vallée. Voilà pourquoi nous pouvons dire que toute la richesse du Verdon, outre ses extraordinaires proportions, réside dans la diversité de ses abords. Mais ce débordement hors du lit ne dure pas, et, à nouveau, les parois semblent se rejoindre, tandis que le débit se précipite.

Au niveau de la Mescla, l'Artuby vient enrichir le Verdon de ses eaux dans un site d'une telle splendeur, qu'il a été nommé le « Prince Vert ». Quelle que soit l'approche, à pied, à la nage ou en kayak, la vue est toujours aussi sensationnelle. En contournant la Brèche Imbert, on atteint le fond du gouffre. C'est la patte d'oie de trois cassures terrestres où l'érosion des eaux a sculpté les spécimens de canyon les plus accomplis.

Le chaos de l'Estellié, plus loin, est l'un des plus effrayants. Sur 40 mètres de haut, des blocs barrent la route aux eaux qui ont attaqué la roche de façon curieuse. Le courant atteint alors une vitesse considérable. Les rapides se succèdent pour constituer une digue au pas de l'Imbut, qui se présente telle une herse tombée du ciel. Le Verdon devient alors souterrain.

A Baou-Bénit, les aiguilles rocheuses et la grotte des Pigeons font du rétrécissement le plus bel endroit de l'ensemble. Après le cratère de Marges, le Verdon finit par s'apaiser, laissant, enfin, après tant de merveilles les pieds et les yeux du randonneur au repos. Si un seul mot devait résumer ce paysage, ce serait sans nul doute, grandiose...

Pages précédentes : *Le grand canyon des gorges du Verdon est le plus impressionnant de toute l'Europe. Il est le résultat d'une véritable extravagance de la nature. C'est le plus surprenant paysage de toute la région du Midi, arrière-pays compris. Le Verdon a réussi à creuser les plateaux calcaires de la Haute-Provence, tout au long d'un défilé spectaculaire, long d'une vingtaine de kilomètres. La taille de la roche est profonde de 200 à 700 mètres. La largeur diffère selon les endroits. Alors qu'elle est parfois limitée à 6 mètres au fond des gorges, en haut des falaises, elle* peut atteindre de 250 à 1 000 mètres.*

Ci-dessus : *Le Verdon prend sa source à 2 500 mètres d'altitude, près du col d'Allos. Après 175 kilomètres de course, il se jette dans la Durance. L'altitude n'est plus que de 217 mètres. A l'origine, le Verdon était par sa dénivellation un torrent de très fort débit. Mais diverses constructions de barrages sont venues le régulariser. Outre la hauteur de ses falaises et l'étroitesse de son lit, c'est l'extraordinaire couleur de son eau qui est saisissante. L'eau paraît d'un vert para-*doxalement artificiel tant il est inhabituel. C'est le fameux vert jade du Verdon. A cela, il n'y a pas de mystère : ce petit cours d'eau est le moins pollué de France.*

Ci-contre : *Les abords du Verdon sont multiples et variés. Il arrive que la végétation soit si proche du cours d'eau, que la lumière doive se frayer un passage entre les feuillages pour faire miroiter l'eau. La fonte des neiges vient enrichir les eaux de sources en dévalant les montagnes comme ici en une rafraîchissante cascade.*

150

Les Alpes de Haute-Provence

Ce que la Provence et la Côte d'Azur ont en commun, et ce qui les unit, ce sont ces montagnes qui terminent les Alpes. Les « Préalpes » sont tous ces massifs qui s'étendent d'ouest en est, et qui sont séparés par d'étroites vallées. La Durance, avec le verrou de Sisteron, coule entre la montagne de Lure et les Préalpes de Digne. Mais la montagne de Lure et le Lubéron font partie des Préalpes du Sud. Les Préalpes de Digne, entre le Verdon et le Var, s'orientent davantage du nord vers le sud. Jusqu'à la mer, et d'ouest en est, se succèdent les Préalpes de Castellane, les Préalpes de Grasse et les Préalpes de Nice. Alors que plus au nord, les Alpes « méditerranéennes », traversées par les hautes vallées de la Tinée, de la Vésubie, commencent à avoir des altitudes réellement élevées, plus au sud, les plans de Provence sont des causses de hauteurs moyennes.

Les chaînons de toutes ces Préalpes sont coupés par des cluses. C'est ainsi que l'on appelle les étroites gorges formées par l'entaille des torrents qui descendent parfois avec un fort débit. De manière générale, les Alpes de Haute-Provence sont la partie la plus pauvre, la plus désolée et la moins peuplée de l'ensemble alpin. C'est peut-être pour cette raison que l'on aime s'y attarder.

Draguignan est en quelque sorte une porte de cette Haute-Provence. Au sud de la vallée de l'Argens, c'est la Côte d'Azur, mais au nord, les altitudes commencent doucement à devenir alpines. Les communications sont plus difficiles. A l'ouest de la route Napoléon, et quelque peu au nord du Verdon se cache au creux de la montagne, le village de Moustiers-Sainte-Marie.

Moustiers, c'est le nom du prieuré du Ve siècle fondé par saint Maxime, évêque de Lérins. Le site de la ville est comme bien souvent dans ce pays, une simple brèche creusée par un torrent. Ce qui est, par contre, exceptionnel et amusant, c'est que les deux falaises de part et d'autre sont reliées par une chaîne de fer forgé longue de près de 300 mètres. Cette chaîne soutient une étoile dorée. Blacas de Moustiers, chevalier tombé aux mains des Sarrasins, avait juré à la Vierge que s'il revenait vivant de capture, il tendrait ses fers à la gloire de la Madone. Ce qui fut fait.

L'église de Moustiers, datant du XIIe siècle, est du plus pur style roman, tel que les bâtisseurs l'ont pratiqué dans les Alpes. Le clocher, massif et carré, est orné d'arcatures issues des voûtes lombardes. La coupole est montée sur trompes et non sur pendentifs, ce qui est une autre caractéristique régionale. Mais ce qui a fait la réputation de la ville ce n'est ni son cadre, ni son étoile, ni son clocher, mais sa faïence.

Cette faïence fut très recherchée durant les XVIIe et XVIIIe siècles. La famille Clérissy, à qui l'on doit la paternité de cette production, s'était certainement fait aider par un moine originaire de Faenza, ce gros centre de production qui a donné son nom à la pâte. Au moment où la technique des Clérissy permettait l'obtention d'un parfait émail, le roi, en obligeant la cour à se démunir de sa vaisselle d'or et d'argent au profit de la couronne, lançait la mode de la vaisselle en céramique. Telle est l'origine de la fortune de la faïence de Moustiers. Durant deux siècles et grâce à la richesse des motifs décoratifs utilisés, Moustiers deviendra un des principaux centres de production.

A l'ouest de la Durance, Manosque, du haut de sa hauteur de Lubéron, semble surveiller la vallée. Les remparts ont laissé place à un boulevard circulaire, mais les ruelles sont encore très pittoresques par leur étroitesse et leurs hautes façades. Jean Giono qui aimait beaucoup Manosque, a souvent utilisé sa région comme cadre. Pour lui, François Ier n'était jamais venu ici. Mais alors comment croire l'histoire qui a donné à la ville son surnom de pudique ? D'après l'histoire, lors de la visite du roi en 1516, la fille du consul qui avait offert les clés de la ville à son souverain préféra se laisser défigurer par les vapeurs de soufre plutôt que de céder à ses avances !

Au nord de Manosque, Forcalquier possède la plus vaste église de la Haute-Provence. En fait, il s'agit d'une cathédrale, bien que l'évêque ait préféré s'installer à Sisteron. La tour romane, très haute, date du XVIIe siècle ! Les bas-côtés sont également du XVIIe siècle mais ils sont gothiques. Forcalquier, c'est la ville des quatre reines, et les habitants n'en sont pas peu fiers. En effet, les quatre filles de Raymond Béranger ont toutes épousé des rois. L'une fut reine de France, la seconde fut reine d'Angleterre, la troisième, reine des Romains et la dernière, reine de Sicile. Illustre famille, ou habile manœuvre du père ? On pourrait multiplier le nombre de ces petites villes ou villages qui par leur site, puis par leur histoire sont des étapes touristiques justifiées. Simiane-la-Rotonde, Riez ou Allemagne et bien d'autres encore font de cette région orientale de la Haute-Provence, un endroit des plus attachants.

A l'ouest, les vallées sont plus encaissées. On atteint la haute montagne. La végétation se fait rare. Puget-Théniers est totalement encerclée de montagnes. La cité provençale est au confluent du Var et de la Roudoule. Guillaume est à la porte des gorges de Daluis, creusées par le Var. Les schistes rouges ont été comme sculptés et un curieux bloc est appelé le buste de Marianne.

Plus à l'est, les gorges du Cians, affluent du Var, sont certainement parmi les plus spectaculaires des Alpes. Leur longueur n'est que de 25 kilomètres, mais le Cians descend de 1 600 mètres ! Les roches qu'il a dû attaquer ne sont pas toutes de la même nature ni du même aspect, et c'est là une raison supplémentaire à leur beauté.

Valberg est déjà, à quelques kilomètres de là une station de sports d'hiver. Le panorama qui s'offre de la Croix-de-Valberg, à une altitude de 1829 mètres permet de découvrir le Grand-Coyer, le mont Pelat, le mont Mounier ou le Mercantour.

Quittons les Alpes avec le petit village d'Entrevaux. Le bourg est serré dans le coude d'un fleuve et son seul accès est constitué par un pont de pierre au-dessus du Var, prolongé par un pont-levis. C'est une ville forte à l'aspect militaire très marqué. Entrevaux résume parfaitement tous les attraits que la Haute-Provence et la Côte d'Azur exercent sur ceux qui les découvrent : le soleil, la montagne et, à quelques kilomètres, la mer.

Le dolmen de la Pierre-de-la-Fée est le plus connu et le plus imposant de tous les mégalithes de la Provence. Il n'y a pas qu'en Bretagne que les premiers occupants avaient pris l'habitude de placer leurs morts sous ces constructions, on ne peut plus rudimentaires. Près de Draguignan, la Pierre-de-la-Fée porte une dalle de chevet haute et longue de plus de 2,40 mètres. Mais c'est la dalle de couverture qui est la plus impressionnante. En effet, celle-ci mesure 4,20 mètres sur 5,70 mètres et pèse plus de 20 tonnes. Les fouilles ont produit des perles, des ossements et des dents. L'histoire est celle d'une fée, qui, déguisée en bergère, séduisit un jeune génie. Pour l'épouser, le prétendant devait construire un autel avec des pierres d'un poids considérable. Le jeune génie aurait réussi à placer les piliers, mais pas à recouvrir l'autel.

Ci-contre haut : *En Haute-Provence, comme dans le sud de la région, les fermes sont généralement construites sans ciment et les murs sont en pierre sèche. Mais il arrive aussi qu'un enduit vienne consolider et protéger les façades. De là ce jeu complexe des teintes et demi-teintes du sable et de la pierre que le soleil vient dorer. « L'oustau » est la demeure paysanne de toute la Provence. De dimensions moins importantes que le mas, elle conserve pourtant le même plan que ce der-nier. Sous un même toit à deux pentes, sont regroupées la maison d'habitation et ses dépendances.*

Ci-contre bas : *Cette petite cour accueillante est celle d'un ancien atelier de céramistes de Mous-tiers. En dehors de la vaisselle dite de luxe, les artisans fabriquèrent une céramique plus grossière et plus utilitaire. Les céramistes de Mous-tiers eurent des activités diversifiées, et par exemple, ils produisirent des tuiles vernissées en grande quantité. La jarre, au premier plan, suggère encore le travail de cet ancien ate-lier.*

Ci-dessus : *Le village de Roche-d'Ongle, lui même assez dé-solé, se situe au cœur d'un paysage de montagnes pelées et rocailleuses. Les toits ne sont plus en tuile rose mais grise. Par contre les teintes de l'enduit de certaines façades prou-vent que la Provence et l'Italie ne sont pas loin. Par le jeu des couleurs des maisons, c'est un peu comme si Roche-d'Ongle était très exactement à la jonction de deux pays : celui du Midi et celui des Alpes.*